모든 아이들이 성공을 기대하도록 가르쳐라.

—오리슨 스웨트 마든 《할 수 있다고 생각하는 자가 해낸다 He Can Who Thinks He Can》 중에서

욕구는 모든 성취의 출발점이다.
성취는 단순히 희망이나 바람이 아니라
간절한 열망으로부터 시작된다.

—나폴레온 힐 《성공의 법칙 The Law of success》 중에서

인생이 지루하고, 이루지 못한 꿈에 대한
미련이 남아 있는가?
당신의 마음속에 담아 두었던 일에
모든 노력을 기울여라.
그 일을 위해 죽기 살기로 덤벼라.
생각지도 못한 행복을 찾게 될 것이다.

—데일 카네기 《카네기 인간관계론 How to Win Friends and Influence People》 중에서

새로운 무언가를
배우고 싶다면
100년 전에 나온
고전을 읽어라.

─제프리 지토머

LITTLE PLATINUM BOOK
OF **CHA−CHING!**

제프리 지토머의 **4**
SALES MENTORING

팔지 않고 사게 만드는
판매 원칙 33

JEFFREY GITOMER'S LITTLE PLATINUM BOOK OF CHA-CHING!:
32.5 STRATEGIES TO RING YOUR OWN (CASH) REGISTER OF BUSINESS AND
PERSONAL SUCCESS
1st Edition, ISBN: 0132362740 by GITOMER, JEFFREY,
published by Pearson Education, Inc., publishing as FT Press, Copyright ⓒ 2007.
Korean language edition published by Academybook, Copyright ⓒ 2009.
Korean translation rights arranged with Pearson Education, Inc.,
publishing as FT Press through PLS Agency, Seoul.

이 책의 한국어판 저작권은 PLS 에이전시를 통해 저작권자와 독점 계약한 도서출판 아카데미북에 있습니다. 저작권법에 의해 보호를 받는 책이므로 무단 전재나 복제를 금합니다.

제프리 지토머의 4
SALES MENTORING

팔지 않고 사게 만드는
판매 원칙 33

초판 1쇄 인쇄 2013년 5월 4일
초판 1쇄 발행 2013년 5월 10일

지은이   제프리 지토머
옮긴이   신소영
펴낸이   양동현
펴낸곳   아카데미북
        출판등록 제13-493호
        주소 136-034, 서울 성북구 동소문로13가길 27번지
        전화 02) 927-2345 팩스 02) 927-3199

ISBN 978-89-5681-113-0(세트) 14320
ISBN 978-89-5681-118-5   14320

www.iacademybook.com

제프리 지토머의 **4**
SALES MENTORING

팔지 않고 사게 만드는
판매 원칙 33

제프리 지토머 지음 · 신소영 옮김

LITTLE PLATINUM BOOK OF CHA-CHING!

아카데미북

■ PROLOGUE

'찰캉! 판매 원칙 33'이 만들어졌다

《세일즈 불변의 원칙 The Patterson Principles of Selling》이《팔지 않고 사게 만드는 판매 원칙 33》으로 개정되어 새롭게 출간되었다!

1998년에 출간된《세일즈 불변의 원칙》은 존 패터슨 John Patterson의 심도 있는 학문을 세일즈맨들이 쉽게 이해할 수 있게 풀어 쓴 것이다. 덕분에 많은 이들이《세일즈 불변의 원칙》을 사랑해 주었다.

존 패터슨은 세일즈의 천재일 뿐만 아니라 비즈니스의 천재이기도 하다. 나는 패터슨이 쓴 이 유명한 세일즈 책에 비즈니스 성공과 관련된 내용을 보충하고 확대해 '패터슨과 지토머의 원칙'이 아니라 **'찰캉! 판매 원칙 33'**이라 칭했다. 각각의 원칙은 비즈니스의 필수 요소이고 오케스트라이며 악기라고 할 수 있다. 한 가지만으로도 훌륭하지만 함께 사용하면 그

힘이 훨씬 더 강해진다.

오케스트라와 마찬가지로 이 '찰캉! 판매 원칙 33'을 다른 원칙들과 조화롭게 사용할 수 있게 연습해야 한다. 모든 연주에 지휘자가 필요하듯이 이 원칙을 사용하는 사람도 지휘자처럼 오케스트라를 이끌고, 비즈니스에 몸담은 사람으로서 사명감을 가져야 한다. 또한 자신만의 스타일과 방식으로 원칙을 지키고 열정적으로 능력을 발휘해 최대로 이끌어야 한다. 그렇게 하면 성공은 저절로 따라온다.

100년 전 미국의 산업혁명을 이끈 사람들이 마련한 성공과 자기 계발, 그리고 세일즈 원칙의 토대 위에 비즈니스 지혜를 업그레이드해 현재의 비즈니스 환경에 맞게 풀어 쓴 것이 '찰캉! 판매 원칙 33'이다! 이 책을 비즈니스 대가의 가르침을 받는 황금 같은 기회로 활용하면 반드시 비즈니스에서 성장하고 성공을 거머쥘 것이다.

당신은 지금 '찰캉!' 하고 당신의 금전등록기를 열고, 돈을 저장할 수 있는 기회를 얻은 것이다!

1880년대 당시에는 컴퓨터도 이메일도 팩스도 없었다. 차가 없었으므로 포장도로도 없고, TV도 라디오도 없었다. 1880년대에는 석탄으로 불을 때고, 어딘가 멀리 가야 할 때는 기차를 탔다. 급한 소식을 전할 때는 전보를 쳤다. 타자기도 없었으므로 손수 편지를 써서 부쳐야 했다. 당시에는 오늘날 우리가 당연하게 생각하는 것들도 할 수 없었다.

1884년, 존 패터슨은 제임스 리티James Ritty에게 '금전등록기'라는 발명품의 특허권을 구입했다. 그런 다음 오하이오 주Ohio county 데이턴Dayton에 '내셔널 금전등록기The National Cash Register Company, 이하 'NCR'라는 회사를 설립했다.
패터슨의 비즈니스 방식과 전략 덕분에 NCR은 큰 성공을 거두고 사람들이 선망하는 회사로 성장했다. 인터내셔널 비즈니스 머신즈Internaional Business Machines, 지금의 IBM의 설립자인 토머스 왓슨Thomas Watson과 전기 점화 시스템을 발명해 제너럴 모터스General Motors에 인수된 데이턴공학연구사DELCO, Dayton Engineering Laboratories Company의 설립자인 찰스 케터링Charles Kettering도 비즈니스의 아버지와 같은 사람들이다. 데이턴에는 인재가 많았다. 라이트 형제Wright Brothers도 데이턴에서 자전거를 만들었다.
존 패터슨은 사상가이자 전략가, 트레이너, 세일즈맨인 동시에 리더였다. 그는 엄격한 원칙주의자이면서도 진보적인 생각을 가진 사람이었다.

당시에는 전형적인 비즈니스 모델이라는 게 없었다. 전사적 품질관리Total Quality Management, 기업 활동 전반의 품질을 높여 고객 만족을 달성하는 경영 방식, 식스 시그마Six Sigma, 품질 혁신과 고객 만족 달성을 위한 과학적이고 합리적인 문제 해결 방법, 공유 가능 콘텐츠 객체 참조 모형Sharable Content Object Reference Model, 미국의 표준제정기관 ADL이 개발한 e러닝 기술도, 짐 콜린스Jim Collins의《좋은 기업을 넘어⋯ 위대한 기업으로Good to Great》라는 책도 없었다.

존 패터슨, 앤드류 카네기Andrew Carnegie, 앤드류 멜런Andrew Mellon 같은 기업가들이 비즈니스 모델을 만든 것이다. 이들은 리더를 따르지 않고 스스로 리더가 되었다. 이 리더들이 만든 비즈니스 모델이 미국의 비즈니스와 산업혁명의 기반이 되었다.

지금은 모두가 잊어버린 원칙이지만 산업혁명을 이끌고 부를 이끌어 낸 원칙들을 나는 당신과 공유하려고 한다. 이 책에 나오는 '찰캉! 판매 원칙 33'은 쉽게 이해하고 적용할 수 있다. 나는 성공과 부, 성취감을 얻기 위해 지금까지도 이 원칙들을 활용하고 있다. 기존의 원칙에 나의 생각과 사상, 전략 등을 덧붙여 21세기에 맞게 수정하고, 100년 전에는 미처 생각하지 못했던 비즈니스 요소를 적용한 몇 가지 새로운 원칙도 추가했다. 이 원칙과 전략을 읽고 난 후에 당신의 비즈니스에 적용해서 성공의 기회를 잡기 바란다.

당신에게는 성공하고 이루고 싶은 꿈이 있을 것이다. 꿈을 현실로 이루기 위해서는 그만큼 노력해야 한다. 노력이 뒤따르지 않으면 꿈은 점점 멀어진다.

이 책에 나오는 '찰캉!'이라는 의성어는 성공을 의미하며, 비즈니스의 모든 것을 제공해 주는 소리이다. 또한 이 책은 올바른 인재를 채용하고, 최상의 원칙을 세워 인재의 재능을 키우고, 성장할 수 있게 용기를 북돋아 주는 등 성공과 부를 쌓는 비즈니스의 모든 것을 다루고 있다.

만일 《세일즈 불변의 원칙》을 읽어 보았다면, 이 책에서 《세일즈 불변의 원칙》과 비슷한 부분을 찾을 수 있을 것이다. 세일즈의 성공은 비즈니스 성공의 기반이기 때문이다. 하지만 세일즈는 비즈니스 과정의 일부이다. 비즈니스에는 인재, 제품, 전략, 의욕, 리더십, 세일즈 등 많은 요소들이 있다. 이 책은 독자들이 이 모든 원칙을 완벽하게 마스터해서 성공적인 비즈니스를 이룰 수 있도록 구성했다.

다른 사람이 어떤 방법으로 성공했는지 이 책을 통해 배우고, 당신도 비즈니스와 삶에서 성공을 이루기를 바란다.

▪▪▪ 당신의 성공을 이루는 명언

사람들은 모두 꿈을 갖고 있다.
그 꿈을 실현하려면
계획, 진행 과정, 사람, 끈기, 인내, 열정이 필요하다.

― 제프리 지토머

CONTENTS

PROLOGUE		'찰킹! 판매 원칙 33'이 만들어졌다	004
Part 1	존 패터슨에게서 배우는 성공 원칙	찰킹! 소리를 내라	016
		어떻게 성공할 것인가	020
		비즈니스와 개인의 성공	022
		성공한 사람에게서 성공 비결 배우기	025
		비즈니스의 창시자 존 패터슨	029
		패터슨의 개념과 전략의 기반	032
		금전등록기를 울려라!	035
		영수증의 놀라운 힘	040
		잠재 고객을 내 고객처럼 대하라	043
		《프라이머》의 발간	045
		원칙은 진실에서 비롯된다	051
		'찰킹! 판매 원칙 33'이란?	054
		'찰킹! 판매 원칙 33'의 구성	056

Part 2 **찰캉! 33개의 판매 원칙**

원칙 1. 생각하라!	060
원칙 2. 신념이 있어야 설득할 수 있다	066
원칙 3. 긍정의 태도는 자신에게 달려 있다	071
원칙 4. 승자와 패자는 훈련으로 구분된다	076
원칙 5. 성공은 지식과 행동의 결합물이다	083
생각하라!	086
원칙 6. 공부는 지식을 위한 첫 훈련이다	088
셀프 테스트	091
원칙 7. 지식을 쌓으려면 책을 읽어라	093
원칙 8. 계획이 방향을 제시한다	097
원칙 9. 시간 관리를 하라	105
원칙 10. 모든 사람이 잠재 고객이다	112
원칙 11. 인맥을 통해 세일즈를 늘려라	117
원칙 12. 수요 창출이 구매를 이끈다	120
원칙 13. 충분한 준비로 고객 중심을 실천하라	124
원칙 14. 고객 입장에서 관심을 이끌어 내라	127
원칙 15. 핵심 질문으로 고객을 리드하라	131
핵심을 찌르는 질문을 만들기 위한 8개의 전략	134
원칙 16. 경청이 이해를 이끌어 낸다	135

원칙 17. 판매 관련 대화가 적을수록 구매 관련 대화는 길어진다 138
원칙 18. 메시지가 강력해야 고객이 제품의 필요성을 느낀다 140
원칙 19. 거부 의사는 세일즈 성사로 이어지는 문이다 145
원칙 20. 세일즈는 조종이 아니라 조화이다 149
원칙 21. 구매 동의로 세일즈 마무리, 영수증 발행으로 세일즈 확정 153
원칙 22. 고객 서비스는 다음 판매와 단골 고객을 만드는 토대이다 156
원칙 23. 차별화된 서비스가 소비자 입소문을 이끈다 159
원칙 24. 고객 만족으로 소개 판매를 이끌어 내라 163
원칙 25. 소비자 입소문은 세일즈에 날개를 단다 166
원칙 26. 우수한 인재가 성공을 이끈다 172
원칙 27. 경쟁이란 최선을 다해 준비하는 것이다 175
원칙 28. 성공을 도운 사람들에게 감사하라 180
원칙 29. 충성을 받으려면 먼저 충성을 바쳐라 182
원칙 30. 옳든 그르든 결정을 내려라 186
원칙 31. 도덕적인 행동으로 평판을 쌓아라 190
원칙 32. 숙제하는 것을 잊지 말라 193
원칙 33. 100년 이상 통한 원칙은 바꾸지 말라 196

Part 3	찰칵! 이제 당신의 성공을 올려라	알려지지 않은 잠재 고객의 위력	214
		'찰칵! 판매 원칙 33'을 활용하는 법	217
		존 패터슨과의 만남	222
		비즈니스 성공을 위한 '찰칵! 판매 원칙 33'	226

EPILOGUE	228
저자 소개	231

CHA-CHING!

1

존 패터슨에게서 배우는 성공 원칙

찰캉!
소리를 내라

'찰캉!' 소리는 누구나 들어 본 익숙한 소리이다. 바로 금전등록기를 열 때 나는 소리이다.

비즈니스 성공의 원칙을 확립한 패터슨의 업적은 그의 이미지와 완벽한 조화를 이룬다. '패터슨' 하면 떠오르는 것이 금전등록기이기 때문이다. 금전등록기가 '찰캉!' 소리를 내면 언제나 돈이 들어온다. '찰캉!' 소리가 날 때마다 거래가 성사되고, 고객을 만나며, 세일즈가 창출되고, 성공을 이뤄 내고, 꿈이 실현된다.

'찰캉!'은 금전등록기가 열릴 때 나는 소리로, 세일즈가 이루어졌다는 것을 뜻한다. 금전등록기에 금액을 입력하면 'Thank You'라고 찍힌 영수증이 나온다. 당신은 금전등록기에 어떻게 돈을 채우는가?

'찰캉!'은 목표 달성을 알리는 소리이다. 금전등록기 소리는 당신이 무언가 해냈다는 사실을 알려 준다. 고된 일에 대한 보상인 것이다. 당신에게 목표 달성을 알리는 소리는 무엇인가?

'찰캉!'은 동기를 부여하는 소리이다. '찰캉!'은 꿈을 현실로 만들어 주는 '된다!'라는 말과 같은 소리이다. 금전등록기에 등록하면 또 등록해야겠다는 자극을 받는다. 당신에게 동기를 부여하는 소리는 어떤 소리인가?

'찰캉!'은 성공을 알리는 소리이다. 계속해서 목표 달성과 동기부여가 이루어지면 돈을 불러들이는 '찰캉!' 소리를 더 자주 듣게 된다. 달콤한 성공의 소리인 것이다. 당신이 생각하는 성공의 소리는 무엇인가?

'찰캉!'은 돈이 들어오는 소리이다. 금전등록기가 '찰캉!' 하고 열리면 동전은 짤랑거리고, 지폐는 바스락거리고, 신용카드는 딸깍거리면서 노래를 부른다. 당신에게 돈이 들어오는 소리는 무엇인가?

'찰캉!'은 부를 말해 주는 소리이다. 부를 얻으면 말로 표현할 수 없는 평화가 찾아온다. 부를 얻는 방법을 알아내려고 끙끙댈 필요가 없다. 그저 그 과정을 존중하는 마음으로 지그시 살펴보면 된다. 이해와 존중의 조화가 있으면 된다. 당신에게 부의 소리는 무엇인가?

'찰캉!'은 성취의 소리이다. 성공과 더불어 행복을 성취하는 소리이다. 성공과 행복을 거머쥐면 힌두교의 평화로운 '옴om, 힌두교의 깨달음의 소리이며 헤브라이어의 '아멘'에 해당되는 말' 소리를 들을 수 있다. 세상의 모든 소리가 천국의 소리로 들리는 것이다. 당신이 생각하는 성취의 소리는 무엇인가?

'찰캉!'은 음악이다. 들을 때마다 신나는 음악이다. '찰캉!' 하는 리듬뿐만 아니라 그 울림이 독특한 음을 만든다. 이 소리를 들을 때마다 앞으로 이 음악을 계속해서 들을 수 있다는 자신감을 얻는다.

무엇을 꿈꾸고, 무엇을 열망하고, 무엇을 목표로 하든 기회가 오면 금전등록기를 울리려고 노력하라. 금전등록기의 소리, 즉 부의 음악은 당신이 열심히 일할 수 있다는 사실을 확인시켜 준다. 자신감은 물론 무엇이든 할 수 있다는 용기도 심어 준다. 이런 마음가짐을 통해 원하는 것을 얻고, 당신이 가져야 할 것들을 갖는 확실한 방법을 알 수 있다. '찰캉!'

··· 당신의 성공을 이루는 명언

나는 연구를 통해 지난 한 세기 동안
재벌 왕국을 세운 초기의 전략들을 알아냈다.
기차와 전보, 텐트밖에 없던 지난 세기의 전략을
컴퓨터와 인터넷, 휴대폰, 리츠 칼튼 Ritz Carlton 호텔로
진보한 현대 기술에 맞게 개정하고 보충했다.

-제프리 지토머

■ LITTLE PLATINUM BOOK OF CHA-CHING!

어떻게
성공할 것인가

부모님께 배운 것들을 생각해 보자. 부모님의 지혜는 당신이 나아갈 길을 제시하고, 당신의 생각과 신념, 성격, 그리고 성과의 기반이 되었을 것이다. 그 기반 위에 현재 활동하거나 이미 세상을 뜬 다른 사람들의 도움을 받았을 것이다.

나의 부모님은 돌아가셨다. 나의 멘토이자 비즈니스 롤 모델이던 존 패터슨, 광고 및 홍보의 롤 모델 PT 바넘 PT Barnum, 성공과 인내에 관한 멘토 오리슨 스웨트 마든 Orison Swett Marden, 인간관계와 공공 연설의 롤 모델 데일 카네기 Dale Carnegie, 자기 계발과 목표의 모델이 되어 준 나폴레온 힐 Napoleon Hill, 나의 사상 형성과 작문에 도움을 준 아인 랜드 Ayn Land, 가장 낯선 비밀 The strangest secret, 책 제목이기도 함을 알려 준 얼 나이팅게일 Earl Nightingale, 유머 감각의 롤 모델 그루초 막스 Groucho Marx 등도 이미 이 세상에 존재하지 않는다.

하지만 나는 지금까지도 그들의 지혜를 읽고, 공부하고, 적용하고 있으며, 그 덕분에 지금 이 자리에 오를 수 있었다.

나는 언제나 학생의 마음가짐으로 배우려 했기 때문에 성공할 수 있었다고 생각한다. 위로 올라가기 위해 끝없이 목표를 조정하고 더 열심히 노력했다. 나는 '쉬엄쉬엄 하라.'는 말을 납득할 수 없었고, 앞으로도 납득하지 않을 것이다.

이 책은 내가 배운 것들의 전형적인 예들을 제공한다. 이 책을 통해 내가 배운 지혜를 독자 여러분에게 집약적으로 전달하면 좋겠다.

■ LITTLE PLATINUM BOOK OF CHA-CHING!

비즈니스와 개인의 성공

모든 사람은 성공하기를 원한다. 하지만 성공하기 위해 열심히 노력하는 사람은 손꼽을 정도로 적다. 이미 성공한 대가들의 방법을 배우려는 자세를 갖춘 사람도 찾아보기 힘들다. 실제로 세일즈와 비즈니스 그리고 인생에서 금전등록기를 '찰캉!' 하고 성공적으로 울리는 사람은 더욱 찾아보기 힘들다.
지금부터 그 이유를 알려 주겠다. 성공과 실패에는 다 이유가 있다.

비즈니스를 하면서 자신의 일에 애정을 갖는 게 아니라 돈을 벌기 위해 지위를 택하는 사람들이 있다. 그런 사람들은 항상 자신이 원하는 것을 얻지 못한다고 느낀다. 그들은 자신이 진정으로 원하는 것보다 돈에 대한 열정이 더 크기 때문에 자신이 하는 일보다 돈을 더 사랑한다. 그렇기 때문에 애정을 갖고 계속하면 성공했을 일도 원하는 만큼 돈이 벌리

지 않으면 미련 없이 버린다.

직시하라. '실패할 거야!'라는 생각을 가지고 비즈니스를 시작하는 사람은 없다. 누구나 성공하기를 갈망하지만 실제로 성공하는 사람은 드물다.
성공을 바란다면 계획하고, 열정을 갖고, 가치를 창출해 부를 쌓기 위해 익혀야 할 필수 요소들이 있다.

존 패터슨의 책을 읽었다면 그 필수 요소가 무엇인지 더 명확히 할 수 있을 것이다. 필수 요소는 다음과 같다.

- 반드시 성공할 것이라는 믿음
- 성공을 위한 확실한 비전. 나폴레온 힐이 언급한 '명확한 핵심 목표'
- 기회를 찾아내고 잡는 능력
- 어려운 시기를 이겨 내는 용기
- 장애는 일시적이라는 믿음과 리스크에 대처하는 의지
- 하루하루 성실하게 살고 문제에 적절하게 대처하는 능력
- 훌륭한 인재
- 자신의 일에 대한 지식과 새로운 것을 배우려는 자세
- 돈이 아니라 성공 그 자체에 대한 열망
- 어떤 일을 하든 자신의 일에 대한 애정

이런 요소를 보고 당신의 현재를 돌아보라.

당신에게는 몇 점이나 줄 수 있는가? 골드 혹은 플래티넘 등급을 원한다면 10가지 중에 7가지는 갖고 있어야 부를 얻을 수 있다. 7가지는 갖추어야 '찰캉!' 하고 금전등록기를 울릴 수 있다는 말이다. 당신의 꿈이 비즈니스에 뛰어들어 성공하거나 비즈니스의 최정상에 오르는 것이라면, 이들 요소를 하나라도 더 갖추어야 꿈을 이룰 가능성도 높아진다.

■ LITTLE PLATINUM BOOK OF CHA-CHING!

성공한 사람에게서
성공 비결 배우기

'사람들은 떠밀려서 강매당하는 것은 싫어하지만 스스로 구매하는 것은 좋아한다.'는 말이 있는데, 이것은 나의 지론이기도 하다. 이 말은 나의 세일즈 마법의 주문이며, 지난 수년간 끊임없이 마음속으로 이 주문을 외웠다.

어느 날 《세일즈 불변의 원칙》의 연구 담당자였던 아만다 데스로처 Amanda Desrochers가 나를 불러 세웠다. "제프리! 이것 좀 봐요. 패터슨이 이렇게 말했어요. '잠재 고객이 우리의 비즈니스를 이해하면 세일즈맨이 팔려고 하지 않아도 산다.'라고 했어요. 패터슨과 당신이 똑같은 생각을 갖고 있네요!" 아만다는 얼굴에 함박웃음을 머금고 나를 보았다.

별로 놀랍지는 않았지만 패터슨과 나의 생각이 비슷하다는 것은 신나는 일이었다. 시대가 변하고 모든 것이 변했음에도 불구하고 영향을 줄 수 있는 전략은 현재에도 유효하다. 패터슨과 내가 사는 시대는 100년이나 차이가 나지만, 생각의 차이는 눈곱만큼도 없다.

'세상의 많은 것이 변할수록 복고되는 것도 많다.'라는 옛말이 있다. 위대한 사상과 격언처럼 시간이 흘러도 진리는 변하지 않는다.

나는 NCR이 마이애미와 칸에서 개최한 연례 세일즈 회의 프레젠테이션을 보고 패터슨의 원칙을 현대사회에 적용해야겠다는 생각을 갖게 되었다. 패터슨이 전설적인 비즈니스맨이라는 사실은 예전부터 알고 있었지만 패터슨의 전략이나 업적에 대해서는 자세히 알지 못했는데, NCR과 데이턴·몽고메리주역사학회Dayton·Montgomery County Historical Society의 연구 결과를 보고 패터슨이 비즈니스를 성공으로 이끈 리더이자 미국의 세일즈맨십을 개척한 선구자라는 것을 깨달았다.

비즈니스에서 성공하고 싶은 사람이라면 누구나 패터슨의 원칙들을 적용할 수 있다. 비즈니스에서 성공하고 싶다면 이 책의 원칙들을 적용하라. 그리고 회사의 동료 혹은 직원들에게 알려라. 동료나 직원들이 당신의 생각을 이해하고 그 생각을 적용하면 당신과 성공의 길을 함께 걷게 될 것이다.

이 책은 NCR의 창시자이자 세일즈맨과 비즈니스맨의 롤 모델이 된 존 패터슨의 비즈니스 철학을 배우는 기회를 제공한다. 패터슨의 성공 법칙은 전화나 자동차가 없던 시절에 만들어졌다는 사실을 명심하라. 그때는 미국에서 산업혁명이 막 물꼬를 트던 시기로, 포장도로도 찾아보기 힘들었다. 존 패터슨은 이런 때에 비즈니스를 이끄는 리더가 되기로 결심한 것이다.

존 패터슨에 대한 책을 읽고 자료를 조사하면서 그가 비즈니스와 미국 산업혁명의 여러 부문에 크게 기여했다는 사실을 알게 되었다. 그가 기여한 분야는 다음과 같다.

- 자기 계발
- 리더십
- 긍정적인 사고
- 비즈니스 창의력
- 비즈니스 체계
- 비즈니스 기술
- 인센티브 및 보너스 제도
- 포춘 500대 기업
- 성공

'THINK!'라는 슬로건을 토머스 왓슨이 IBM에서 만든 것이라고 아는 사람들이 많지만, 존 패터슨이 만들었다. 토머스 왓슨은 패터슨과 함께 일했고, 토머스가 패터슨을 떠난 후 'THINK!'라는 단어를 사용해 IBM의 전설을 만들기 시작했다. 이런 사실을 아는 사람은 드물다.

세일즈맨의 모델을 만든 사람도 존 패터슨이다. 세일즈 목표를 달성하는 방법에 대한 책을 최초로 쓴 사람도, 세일즈 트레이닝을 처음으로 실시한 사람도 존 패터슨이다. 상대하기 쉬운 고객 또는 힘든 고객을 따로 나누지 않고 모두 '잠재 고객'이라고 부른 사람도 존 패터슨이다.

■ LITTLE PLATINUM BOOK OF CHA-CHING!

비즈니스의 창시자
존 패터슨

NCR의 창시자인 존 패터슨은 꿈을 지향하고 자신만의 독특한 생각을 뿌리내린 당대 최고의 비즈니스맨이자 세일즈맨이었다. 또한 두려움을 모르는 모험가였으며, 세일즈맨십을 가르친 스승이기도 했다.

패터슨은 세일즈로 이끄는 감성 속에 숨겨진 논리를 파악하고 활용하는 능력이 뛰어났기 때문에 크게 성공할 수 있었다. 논리와 감성이 완벽하게 조화를 이룬 사람이었던 것이다. 생각을 형성하고 결정을 정당화하려면 논리에 의존해야 하지만, 패터슨은 구매 과정이 감성과 밀접하게 연관되어 있다는 것을 알았다. 그것을 알고 있었기에 다른 사람들에게 교훈을 줄 수 있었다.

패터슨은 비즈니스맨이자 현대 미국 비즈니스를 발전시킨 비즈니스의 창시자이다.

존 패터슨은 현대 세일즈맨십의 창시자이다. 타고난 연설가이자 영향력 있는 제작자였으며, 돈을 소비함으로써 돈을 벌라고 주창하는 인물이었다. 또한 유능한 인재를 알아보는 데 천재적인 감각이 있었으며, 비즈니스 모델을 만들어 낸 창시자였다.

패터슨은 누구보다 비즈니스 리더 육성에 관심이 많은 개발자였으며, 실패할 확률이 높은 상황에서도 성공을 긍정하는 리더였다.
패터슨은 NCR을 최고의 기업으로 육성하기 위해 인재 개발 프로그램을 만들어 자신이 배운 모든 것을 직원들에게 전수했다. 다음에 인용하는 말 속에서 패터슨의 주체할 수 없는 천재성을 엿볼 수 있다.
"금전등록기를 판매하기보다 영수증의 수요를 늘려라."

존 패터슨을 세일즈맨십의 아버지라고 부르는 이유는 다음과 같다.

- 판매를 강요하기보다는 고객이 스스로 즐겁게 구매해야 한다는 진리를 깨달은 최초의 비즈니스맨이었다.
- '난관 극복' 모델을 만들었다.
- 세일즈 트레이닝의 영역을 개척했다.
- 직원들에게 '잠재 고객'이라는 단어를 사용하게 하고, 그 단어에 맞는 고객 응대법을 가르쳤다.
- 직원들에게 성공 아이디어를 심어 주었다.

- 뛰어난 광고와 홍보 지원으로 NCR 금전등록기의 브랜드 이미지를 최고로 만들었다.

존 패터슨을 미국 비즈니스의 창시자라고 부르는 이유를 소개한다.

- 패터슨이 구상한 전략
- 패터슨이 개척한 방법
- 패터슨이 자신의 천재성을 사람들과 공유한 방식
- 패터슨이 증명해 보인 성공 경험

패터슨의 개념과
전략의 기반

존 패터슨은 독서광이었다. 패터슨은 좋은 책은 마음의 위대한 자산이라고 생각했다. 그의 서재에는 수십 번 읽어야 할 만큼 가치 있는 책들이 가득했다. 패터슨은 책에서 새로운 지식을 발견할 때마다 밑줄을 긋고 책갈피를 꽂아 두어 그 부분을 끊임없이 공부하고 실천했다. 수많은 책에 밑줄을 쳐 둔 문장들은 그가 관심을 갖고 다른 사람들에게 전달하고자 했던 핵심 내용들을 담고 있다.

책을 통해 얻은 지식은 인재를 육성하고 그가 구축한 제국을 유지하는 데도 큰 도움이 되었다. 패터슨은 좋은 책은 큰 힘을 얻을 수 있는 매체라고 믿었다.

나는 몇 년 전에 존 패터슨의 서재에 있던 도서 컬렉션을 구입한 적이 있다. 대부분이 건강하게 오래 사는 방법에 관련된 책이었고, 전기도 몇 권

있었다.

나는 이 책《팔지 않고 사게 만드는 판매 원칙 33》을 쓰기 위해 존 패터슨의 모든 컬렉션 도서를 정독했다. 그런 다음 패터슨의 서재에서 오리슨 스웨트 마든의 《할 수 있다고 생각하는 자가 해낸다 He Can Who Thinks He Can》를 뽑아 들었다. 읽고 나니 소름이 쫙 돋았다. 1908년에 출간된 책의 초판을 읽자, 패터슨과 나 사이에 또 하나의 공통점이 있다는 사실을 깨달았기 때문이다.

나는 패터슨의 서재에서 마든의 책을 빌려 와 하루에 한두 권씩 읽고 있다. 특히 패터슨이 밑줄 친 부분을 중점적으로 읽고 있는데, 그는 마든의 책을 읽으면서 삶에 교훈을 주는 주옥같은 문장을 찾아내곤 했다.
나폴레온 힐의 우상이기도 한 오리슨 스웨트 마든은 긍정적인 태도를 가진 20세기의 대표적인 천재였다. 나는 최근에 마든의 저서를 입수하는 대로 모두 읽고 있다. 존 패터슨이 밑줄 친 부분을 그대로 옮겨 보았다.

■ ■ ■

《할 수 있다고 생각하는 자가 해낸다》
저자 _ 오리슨 스웨트 마든, 출간 _ 1908년

- 모든 아이들에게 할 수 있다는 마음을 심어 주어야 한다.
- 나쁜 습관에 길들여진 사람은 자신의 일에 최선을 다하지 않는다.

- 역사 속의 위대한 사람들은 모든 것을 잃고 남은 것이라곤 용기와 패기뿐일 때 자신의 진정한 모습을 발견하곤 했다.

- 성공한 비즈니스맨은 자주 볼 수 있지만 비즈니스는 물론 인격적으로도 완성된 사람은 찾아보기 힘들다.

- 누구나 위대한 일을 하겠다고 결심한다. 그러나 강인하고 결단력 있는 사람만이 위대한 일을 실천으로 옮긴다.

- 정직함을 대신할 수 있는 인성은 없다.

- 행복은 마음먹기에 달려 있다.

- 참신한 아이디어로 가득 찬 사람이 되고 싶다면 발전하기 위해 항상 노력하라.

- 방법과 이유를 아는 자가 힘을 갖는다.

- '행운'이란 단어는 수없이 잘못 쓰이고 있다.

- 최고의 지식인이란 항상 배우고, 어떤 상황에서도 지식을 습득하려는 사람이다.

- 그 사람이 갖고 있는 직업 정신을 통해 인격을 엿볼 수 있다.

FREE GITBIT

패터슨이 책에 줄 친 부분과 마든의 전체 도서 목록이 궁금하다면, www.gitomer.com에 접속해서 회원 등록을 한 다음 GitBit 박스에 'MARDEN' 이라고 치세요.

■ LITTLE PLATINUM BOOK OF CHA-CHING!

금전등록기를
울려라!

120년 전, 존 패터슨은 '영수증 수요의 법칙'을 만들었다. 지금도 전 세계의 사람들은 금전등록기를 울리겠다는 전제를 바탕으로 살아간다.

당신이 소매 사업을 하고 있다면 금전등록기를 돈으로 가득 채우고 싶을 것이다. 어떤 사업을 하든 엄청난 수익을 내서 성공하고 싶은 마음이 굴뚝같을 것이다. 더불어 경제적인 면뿐만 아니라 개인적인 면에서도 성공을 거두고 싶을 것이다.

'금전등록기를 울린다'는 것은 성공과 관련되거나 성공 그 자체를 의미하는 은유적인 표현이다. '찰캉!' 소리는 단순한 소리가 아니라 하나의 감정을 대변하는 의성어인 것이다.

이전까지는 나도 이 전제를 무시하다시피 했다. 샬럿Charlotte에서 팻 하젤Pat Hazell과 함께 저녁 식사를 하면서 이 '찰캉!' 아이디어를 얘기하고 싶었지만 식사 화제로는 어울리지 않을 것이라고 생각했다. 저녁을 먹고 내 사무실에 왔을 때 나는 팻에게 책의 초고를 보여 주면서 패터슨에 대해 살짝 언급했다.

당시 팻은 오하이오 주 데이턴에서 각종 행사를 막 마친 뒤였다. 책에 대해 이야기를 나누면서 팻은 '금전등록기를 울리는 방법'이라는 제목의 챕터가 있냐고 물었다. 그 순간 내 머리 속의 금전등록기가 '찰캉!' 소리를 내며 열렸다! 이런 제목은 생각해 보지도 못했지만 그의 말을 듣고 바로 만들었다!

금전등록기를 울린다는 것은 비즈니스의 가장 기본적인 일이다. 어떤 일을 하든 비즈니스나 세일즈에서 금전등록기를 울리지 못하면 실격이다. 등록 실적과 그에 따르는 수익은 비즈니스의 성패를 가르는 중요한 척도이기 때문이다. 다음과 같은 격언이 있다.

> '세일즈가 성사되기 전에는 아무 일도 일어나지 않는다.' -레드 모틀리Red Motley, 1946년.

목표는 같아도 회사의 비전은 다를 수 있다. 회사의 임무나 상품이 다를 수도 있고, 서비스나 당신의 비즈니스 방식이 다를 수도 있다. 하지만 금전등록기를 울린다는 목표는 모두 같다. 인간관계를 형성하고, 세일즈를 창출하고, 계약하는 것이 목표이다. 모든 일을 잘 해내 성공하고, 더불어 엄청난 부를 만들어 내는 것이 목표이다.

존 패터슨이 무엇을 했든 하지 않았든, 어떤 사람이었든, 그의 의도나 비전이 무엇이었든 상관없다. 그가 120년 전에 만든 세일즈와 비즈니스 과정이 사람들에게 영감을 제공한다는 것이 중요하다! 존 패터슨의 놀라운 리더십과 원칙은 지금까지도 큰 영향을 주고 있다. 여러 분야에서 일하는 사람들에게 성공과 비즈니스의 핵심을 알려 주기 때문이다.

몽고메리역사학회 NCR기록보관소 사진 자료

1백만 번째 판매된 NCR 금전등록기. 찰캉!

◆ 금전등록기가 울리면 비즈니스는 날개를 단다.
◆ 금전등록기가 울리면 CEO도 날개를 단다.
◆ 금전등록기가 울리면 회계 부서도 날개를 단다.
◆ 금전등록기가 울리면 상품과 재고가 날개를 단다.
◆ 금전등록기가 울리면 영업 부서도 날개를 단다.

당신도 날고 싶다면 금전등록기를 울려라!

지금부터 당신의 도전이 시작된다. 처음부터 시작하자. THINK! 매일매일 원칙 하나하나를 생각하라. 모든 전략과 그에 따른 행동을 마스터하라! 성공을 향해, 성취를 향해 달리되 목표는 항상 하나, 금전 등록기를 울리는 것이라는 사실을 명심하라!

찰캉!

■■■ 당신의 성공을 이루는 명언

많은 사람들이 성공의 비밀 공식을 찾으려고 애쓰는데
그 비밀이 자기 자신 안에 있다는 것은 모른다.
나는 성공과 부를 얻는 비결을 알려 주려고 이 책을 썼다!

-제프리 지토머

■ LITTLE PLATINUM BOOK OF CHA-CHING!

영수증의
놀라운 힘

천재는 항상 고민에 빠져 있다는 사실을 잊지 말라. 패터슨은 단순히 금전등록기만 판매한 것이 아니라 영수증의 필요성을 알고 수요를 창출해 냈다. 패터슨의 원칙은 19세기와 20세기, 그리고 21세기를 통틀어 가장 강력한 비즈니스 전략이었다. 당신만의 비즈니스를 만들기 위해 패터슨의 철학을 어떻게 사용해야 할지 잠시 생각해 보자.

- 어떤 수요를 창출할 것인가?
- 당신의 상품을 필요로 하는 사람은 누구인가?
- 구매 전화를 하는 사람은 누구인가?

영수증은 세계에서 가장 강력한 문서이다. 어떤 영수증이든 그만한 힘을 갖고 있다. 영수증은 당신의 구매 사실과 그 물건이 당신의 소유임을 나타내는 증거물이다. 지금은 어떤 것을 구매해도 영수증을 준다. 모두 존 패터슨의 덕분이다. 영수증은 당신이 산 물품을 소유하고, 환불하고, 교환하고, 사후관리를 받거나 세금 공제도 받을 수 있게 하는 보증 문서이다. 요즘에는 물품을 구매하고 30초가 지난 후에 상점을 나서려면 영수증을 보여 줘야 하는 일이 많아졌다.

몽고메리역사학회 NCR기록보관소 자료

'영수증을 챙기세요!'
1900년대 초반에 사용된 NCR 홍보 사진

영수증은 수년간 보관할 수도 있다. 어떤 때는 구매한 물품보다 영수증을 더 오래 보관하는 경우도 있다.

영수증을 얼마나 자주 사용하는지 생각해 보자. 영수증은 하나의 문서로 당신의 시간과 돈의 사용 경로를 보여 준다. 비즈니스에서 영수증은 지난 100년간 사용되었다. 아마 당신 가방 또는 지갑 속에도 영수증이 있을 것이다.

영수증은 비즈니스에 온전하게 남겨지는 유일한 문서이다. 영수증이 없으면 시간과 돈의 경로를 파악할 수 없기 때문에 영수증 그 자체를 하나의 '상품'이라고 할 수 있다.

은행 업무를 보거나 통장 잔고를 조회해도 거래 내역 영수증을 받는다. 신용카드 거래명세서도 영수증이다. 영수증은 구매 증거인 동시에 거래의 기록이다. 담당자, 날짜, 시간 등이 적혀 있는 지불 내역 증거이다. 영수증은 누가 무엇을 했고, 언제 어디서 얼마나 사용했는지를 보여 주는 중요한 문서이다.

돈을 환급받고 싶은가? 영수증을 챙겨라!
국세청에서 세금을 내라고 하는가? 영수증을 챙겨라!

'영수증 필요하세요?'라는 질문은 '더 필요한 건 없으세요?'라는 말 뒤에 나온다.

'영수증은 증거 문서와 마찬가지로 재산의 중요한 증거물입니다.' - NCR에서 1912년에 발간한 브로슈어에 실린 내용

'영수증이 없으면 환불도 없다.' - 제프리 지토머

잠재 고객을
내 고객처럼 대하라

패터슨의 세일즈 원칙은 잠재 고객probable purchaser을 기존 고객처럼 대하는 것에 중점을 두고 있다. 예상 구매자는 곧 잠재 고객이므로, 잠재 고객을 기존 고객과 똑같이 대하라는 것이다. 이 방법은 효과가 아주 좋은 최고의 비즈니스 원칙이다. 내가 1963년에 첫 영업 수수료를 받은 이후로 이보다 더 효과가 좋은 원칙을 발견하지 못했다.

나는 잠재 고객의 원칙이 무엇보다 강력한 효과가 있다고 믿지만, 이 원칙이 만들어진 지 100년이 지나도록 사용하는 사람이 없다!

패터슨은 '잠재 고객'이라는 단어 대신 '가능한 고객', '예상 고객', '쉬운 고객'이라는 단어를 사용할 수도 있었다. 하지만 패터슨은 긍정적인 태도, 즉 어떤 사람이라도 고객이 될 수 있다는 의식을 직원들의 머릿속에 심어 주고자 했다. 그렇게 함으로써 직원들의 신념 체계를 끊임없이 강화했다.

이 '잠재 고객'이라는 단어는 패터슨의 원칙에서 '잃어버린 요소' 중의 하나이다. 당신의 성공을 위해 이 요소를 되살려 매일 적용해 보는 것은 어떤가?

■ LITTLE PLATINUM BOOK OF CHA-CHING!

《프라이머》의
발간

존 패터슨은 교육과 훈련의 힘을 믿었고 항상 교육하는 삶을 살았다. 교육이 세일즈와 비즈니스의 무한한 발전과 관련이 있다는 사실을 일찌감치 알아내서 최초로 세일즈의 체계를 고안해 냈다.

패터슨은 과거에 성공한 적이 있는 과정을 선정해서 직원들이 그 과정을 활용하도록 교육했다. 그 과정 중에는 당신의 사업에도 적용 가능한 것이 있을 것이다. 당신이 할 일은 그 과정을 찾아내 문서화하고, 최고의 상태로 만들어 당신의 사업 분야에서 활용하고 직원들을 교육하는 것이다.

《프라이머》The Primer, 초급 입문서·도화 선이라는 의미가 있음라고 알려진 NCR 세일즈 트레이닝 책자 《내셔널 금전등록기 세일즈 방법》은 세일즈를 하면서 세일즈맨이 해야 할 말과 행동을 다루었다. 첫 번째 《프라이머》는 1887년 6월에 발간되었다. 《프라이머》는 어떤 세일즈에서든 공통적으로 해당되는 요소를 다루었는데 세일즈를 4단계로 분류했다.

첫째. 잠재 고객에게 접근하기
둘째. 금전등록기 작동 시연하기
셋째. 문제 극복하기
넷째. 세일즈 마무리하기

《프라이머》는 존 패터슨의 처남이자 NCR의 최고 세일즈맨이었던 조 크레인Joe Crane과 가격에 대한 회의를 하는 과정에서 만들어지게 되었다.

크레인은 제품도 좋고 가격도 적당한데 세일즈맨이 판매할 방법을 모른다고 패터슨에게 말했다. 크레인은 세일즈맨들이 특정 구매자의 주변 사람들에게 영업을 하는 경우가 많다는 것을 알고 있었다. 이로 인해 세일즈에 집중할 수 없고 문제가 발생하기 때문에 차라리 새로운 구매자를 찾는 것이 훨씬 나을 것이라고 판단했다. 이런 생각을 갖고 있던 크레인의 세일즈 성과는 놀라웠고, 패터슨은 다른 직원들도 크레인의 방식을 따라주길 원했다.

크레인은 잠재 고객에게 금전등록기의 사용 방법을 보이면서 단어 하나 틀리지 않고 항상 같은 말을 했다. 처음에 패터슨은 크레인의 이런 방식

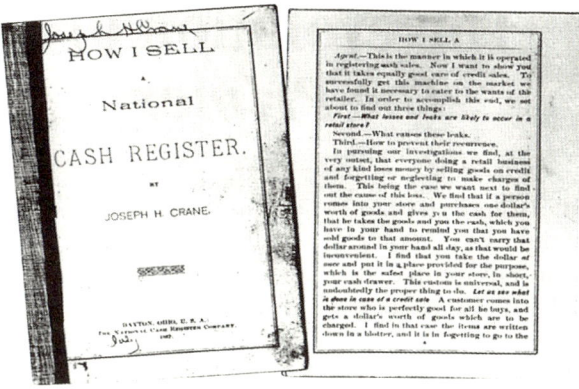

1887년 판 《프라이머》

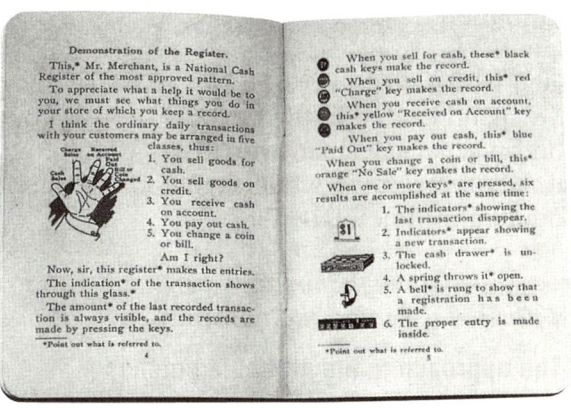

1923년 판 《프라이머》

'우리는 변화를 통해 진보한다.'
— 패터슨이 가장 좋아하는 문구

이 단순하고 지루하다고 생각했다. 그러나 크레인은 이렇게 말했다. "지금까지 제 세일즈 방식이 단순했던 적은 없습니다. 사람마다 다르게 적용되니까요." 크레인은 패터슨에게 금전등록기의 사용 방법을 보여 주었다. 이를 본 패터슨이 말했다. "속기사를 불러서 자네가 하는 말을 그대로 글로 옮기도록 하게."

패터슨의 책들을 보관해 둔 몽고메리주역사학회에서 《프라이머》를 처음 읽었을 때, 나는 성배를 마주하거나 《탈무드》를 읽는 기분이었다.

《프라이머》는 신체 건강의 중요성과 '나의 가치를 높이는 50가지 방법'이라는 글로 마무리하고 있다. 패터슨은 보통의 세일즈맨들과 달리 이익에 얽매이지 않았다. 대신 금전등록기가 잠재 고객에게 가져다줄 이익을 생각했다.

패터슨은 세일즈맨들이 제품을 판매하지 못하면 제품에 문제가 있는 것이 아니라 세일즈맨에게 문제가 있다고 생각했다. 패터슨은 모든 직원들에게 항상 깔끔히 면도하고, 세련된 옷차림과 반짝이는 구두를 신으라고 했다. 또한 건강하고 활기차게 행동하며, 열려 있고 수용하는 태도를 가지라고 했다. 그렇게 해서 직원들이 패터슨의 50가지 방법을 그대로 따랐을 때, 개인은 물론 전문가로서도 성공할 수 있었다. 당신도 마찬가지이며 여성이라도 다르지 않다.

■ 나의 가치를 높이는 50가지 방법 ■

신체적 가치

① 영양가 높은 음식을 적당하게 섭취한다.
② 규칙적으로 식사하고 잠자리에 든다.
③ 섭취량은 약간 모자란 듯하게 먹는다.
④ 우리의 몸은 우리가 섭취한 음식으로 이루어진다.
⑤ 매일 세 가지 운동을 5분씩 한다.
⑥ 맑은 공기도 매우 중요하다.
⑦ 적절한 햇빛을 쬐고 인공 조명도 사용한다.
⑧ 체내 수분과 체외 수분을 적절히 공급한다.
⑨ 편안한 옷을 입는다.
⑩ 일찍 자고 충분한 수면을 취한다.

정신적 가치

① 정상적으로 사고한다.
② 정신적인 스승에게 배운다.
③ 경청하는 법을 배운다.
④ 신문과 좋은 책을 읽는다.
⑤ 기억력을 높인다.
⑥ 집중한다.
⑦ 쓸데없이 걱정하지 않는다.
⑧ 체계적으로 일을 처리한다.
⑨ 편견을 갖지 않는다.
⑩ 아마추어 의식을 버린다.

도덕적 가치

① 옳은 것은 항상 옳다.
② 진실하게 대한다.
③ 잘못된 선례는 무시한다.
④ 발전을 위해 충전하는 시간을 늘린다.
⑤ 자신을 속이지 않는다.
⑥ '아니오!' 라고 말하는 법을 배운다.
⑦ 자신만의 원칙을 갖고 생활한다.
⑧ 유혹을 피한다.
⑨ 좋은 습관을 갖는다.
⑩ 체계를 세운다.

재정적 가치

① 수입을 늘린다.
② 불필요한 지출을 줄인다.
③ 우체국에 저금한다.
④ 돈이 돈을 번다.
⑤ 투자하되 도박하지 않는다.
⑥ 가족 예산을 세운다.
⑦ 열심히 일한다.
⑧ 비즈니스 공부를 한다.
⑨ 현금으로 구매한다.
⑩ 은행 잔고를 늘린다.

사회적 가치

① 나쁜 동료를 멀리한다.
② 도움이 되는 친구를 선별한다.
③ 혼자 생각한다.
④ 혼자서도 행복해지는 법을 배운다.
⑤ 회사보다 가족을 중시한다.
⑥ 내 문제는 혼자 처리한다.
⑦ '정기 모임'을 피한다.
⑧ 재정적인 즐거움을 느낀다.
⑨ 이웃과 좋은 관계를 유지한다.
⑩ 봉사 활동을 한다.

오른쪽 그림은 《프라이머》에 나온 두 개의 그림을 합친 것이다. 성공하려면 신체적·정신적으로 건강을 유지해야 한다는 것을 보여 주는 그림이다.

■ LITTLE PLATINUM BOOK OF CHA-CHING!

원칙은
진실에서 비롯된다

나는 패터슨의 비즈니스 철학과 전략을 '원칙'이라고 부르기로 했다. 철학은 진실에서 비롯되며, 당신의 비즈니스와 삶에 이 철학과 전략을 어떻게 적용할 것인지는 당신에게 달려 있다.

나는 돈보다 원칙을 목표로 하는 사람과 비즈니스를 하고 싶다. 돈을 목표로 하는 사람은 가난하다. 이런 사람은 고객과의 관계보다 금전적인 면을 더 중요하게 생각한다. 이런 사람에게는 석연치 못한 구석이 있기 마련이다.

반면에 원칙을 목표로 하는 사람은 부유하다. 금전적인 면뿐만 아니라 행동에 따른 명성과 개인적인 자부심도 부유하다. 이런 사람은 성공을 이루고 성취감을 느낀다.

원칙을 목표로 하는 사람은 자신이 번 돈을 계산할 때 다른 사람보다 훨씬 큰 성취감을 느낀다. 물론 다른 사람들도 벌어들인 돈을 계산한다. 하지만 정말 중요한 것은 자신이 번 돈을 계산할 때 갖는 마음가짐이다.

원칙을 기반으로 한다는 것은 자신이 나아갈 길을 잘 알고 있다는 뜻이다. 자신이 나아갈 길을 알면 자신에게 용기를 북돋아 주고, 그 용기로 목표를 달성할 수 있다.

■■■ 당신의 성공을 이루는 명언

만들어진 지 100년도 넘는 이 원칙들은
성공의 역사를 그대로 보여 주고 이해하기도 쉽다.
당신 회사의 규칙에 반하는 내용은 하나도 없으며
조금만 노력하면 원칙을 달성할 수 있다.
모든 원칙을 익혀 비즈니스와 세일즈의 기반으로 삼으면
오늘 하루, 이번 달, 올해,
그리고 평생의 성공을 이룰 것이다.

-제프리 지토머

■ LITTLE PLATINUM BOOK OF CHA-CHING!

'찰캉! 판매 원칙 33'이란?

원칙은 하나의 개념이다. 이를 전략적으로 이해하고 공부한 다음 비즈니스에 적용하면 자신만의 방식으로 거듭날 수 있다. 원칙은 고품격의 행동 양식이며 자신에 대한 신념이다.

나는 존 패터슨의 비즈니스 철학에서 32가지 비즈니스 핵심 원칙을 발견했다. 이 원칙에는 패터슨이 알리고 실천에 옮기고자 한 내용들이 포함되어 있다. 나는 이 원칙을 21세기에 맞게 수정해서 독자들이 성공을 위해 활용할 수 있게 만들었다.
당신의 커리어나 직책에 상관없이 이 원칙들이 세일즈와 비즈니스, 그리고 삶에 큰 도움이 될 것이다. 내가 제시하는 원칙을 모두 적용하면 그 효과는 더욱 크고 강력해진다.
패터슨과 나의 사상은 매우 유사한데, 패터슨이 나타내고자 한 바를 훼

손하지 않는 선에서 패터슨의 32개 원칙을 다양하게 각색하고, 여기에 내 원칙을 덧붙여 33개의 원칙으로 만들었다. 33번째 원칙은 다른 원칙들을 통합하고 정리하는 역할을 한다.

'찰칵! 판매 원칙 33'의 구성

◆ **인용문** : 인용문의 반은 패터슨, 나머지 반은 내가 쓴 글에서 인용했다. 간혹 제3자가 인용한 것도 있다. 인용문은 원칙을 강조하고, 원칙을 좀 더 깊이 생각할 수 있게 도와줄 것이다. 사람들은 간단하고 쉽게 알 수 있는 정보를 좋아한다. 인용문을 통해 원칙을 좀 더 명확하게 이해하고, 원칙 안에 담긴 생각을 그대로 느낄 수 있을 것이다.

◆ **원칙의 설명** : 각각의 원칙은 비즈니스에 몸담고 있는 당신이 활용할 수 있는 성공 요소를 설명한 것이다. 원칙에 대한 이해력과 인식을 높이며, 당신의 비즈니스와 연관시켜 생각하고, 더 나아가 성공에 이를 수 있게 책의 마지막 장까지 심혈을 기울였다.

생각하라! 그리고 행동하라 '생각하라!'는 자신의 현실에 적용해서 생각하는 기회를 제공한다. '생각하라!'와 연습 문제를 통해 원칙에 대해 사고하는 방법과 직장과 삶에서 어떻게 적용할 것인지 배우게 될 것이다.

@BAT 비즈니스 행동 계기와 비즈니스 성취 계기로, 당신이 배트를 휘두를 수 있는 기회 비즈니스를 하는 사람은 야구 경기의 타자와 같다. 이들은 비즈니스라는 경기장 안에서 자신만의 유니폼을 입고 공을 치는 기회가 주어지는 타석에 들어선 것이다. 경기장에서 구경하는 관중, 즉 당신의 고객 또는 잠재고객은 당신에게 응원을 하거나 야유를 던진다. 당신은 관중에게 관람 티켓과 핫도그를 팔아 금전등록기에 돈을 수금한다. 이제 당신이 타석에 들어설 차례다. 20년 동안 세 번의 기회 중에서 한 번만 제대로 치면 최고의 경기를 한 선수만 들어가는 명예의 전당에 이름을 올릴 수 있다. 홈런을 날리거나 2루타를 칠 수도 있지만 진짜 목적은 공을 치고 홈을 돌아서 점수를 내고 경기에서 이기는 것이다.

이 책 곳곳에서 @BAT 아이콘을 만나게 될 것이다. 이 아이콘은 비즈니스 성취 계기나 비즈니스 행동 계기를 나타낸다. 당신이 배트를 휘둘러서 점수를 얻는 기회라는 뜻이다.

CHA-CHING!

이제부터 성공을 향한 찰캥의 원칙들이 이어진다.
대부분은 《프라이머》, 존 패터슨이 쓴 글이나 그에 대해 쓴 글, 혹은 패터슨과 함께
일했던 사람들의 글에서 인용했다. 이 원칙들은 나의 40년 비즈니스 경력과
30년의 세일즈 경력을 살려 당신의 비즈니스 성공에 적용할 수 있게 다듬은 것이다.

2

찰캉!
33개의
판매 원칙

원칙 01

생각
하라!

생각하고 행동하라. 그래야 발전한다. - 존 패터슨

생각하는 것에 시간을 투자하는 사람은 얼마 되지 않는다. - 제프리 지토머

'생각하라!'라는 말은 이 책을 다 읽을 때까지 명심해야 한다. 몇 안 되는 사람만이 생각하는 데 시간을 투자한다. 생각하기는 누구보다 한 발 앞서 나가고, 성공의 길을 걸을 수 있는 일생일대의 기회이다. 패터슨은 생각의 결과가 진보라고 믿었다. 당신의 생각은 어떤가?

패터슨은 회사 직원들에게 '생각하라!'라는 문구를 동기부여의 수단으로 사용했다. 그는 직원들에게 자신의 아이디어와 원칙을 생각해 보라고 하고, 그 원칙을 다음 단계로 이끌 수 있는 방법도 생각하라고 했다.

실제로 많은 직원들이 그의 요청을 따랐다.

진정한 리더는 부하 직원들이 지시를 따르게 할 뿐만 아니라 좀 더 발전할 수 있도록 동기를 부여한다. 패터슨은 이 두 마리 토끼를 다 잡았다.

NCR의 금전등록기 1백만 대가 판매된 1911년, 세일즈맨들에게 동기를 부여하는 포켓 사이즈 책자가 간행되었다. 책 제목은 '생각하라! THINK!'였으며, 위대한 발명가가 세상에 기여한 바를 간략하게 설명했다.

예를 들어 '토머스 에디슨Thomas A. Edison이 백열전구에 대해 생각했을 때의 위대함을 생각해 보라!'와 같은 문장으로 시작한다. 책 마지막 부분에는 각 비즈니스 분야에 1백만 대나 판매해 이제는 상용화된 금전등록기를 발명하게 된 계기를 패터슨이 설명했다.

생각하라! 아래에 소개하는 비즈니스에 관한 생각을 매일 어떻게 행동으로 옮길 것인지 생각해 보라!

- 새로운 고객을 어떻게 만들어 낼 것인가?
- 프레젠테이션 능력을 어떻게 향상시킬 것인가?
- 고객이 내가 파는 제품을 사용함으로써 어떻게 수익을 늘릴 수 있을까?
- 어떻게 하면 어제보다 나은 오늘을 만들 수 있을까?
- 무엇을 새로 배웠는가?
- 더 나은 서비스를 어떻게 제공할 것인가?

- 오늘 나의 행동은 어제보다 더 나아졌는가?
- 오늘 하루 고객에게 최선을 다했는가?
- 오늘 하루 내 시간을 어떻게 투자할 것인가?
- 오늘 하루 소개 판매를 얻었는가?
- 오늘 하루 최선을 다해 일했는가?

그런 다음 개인의 삶과 관련된 6가지 생각도 해 보라.

- 나는 사랑하는 사람과 어떻게 연결되어 있는가?
- 더 나은 관계를 만들고 더 많은 사랑을 전하기 위해 매일 할 수 있는 일은 무엇인가?
- 더 나은 나를 만들기 위해 어떤 노력을 하는가?
- 내 자신과 내 삶을 개선하기 위해 할 수 있는 일, 또 해야 할 일은 무엇인가?
- 좀 더 자주 웃고 즐거움을 느끼기 위해 어떤 노력을 하는가?
- 더 깊게 생각하고 나의 한계에 도전하기 위해 매일 어떤 노력을 하는가?

다른 행동과 마찬가지로 생각하기도 훈련이다.

이 책의 모든 원칙들은 원칙을 이해하기 위해 생각하고, 원칙을 완벽하게 마스터하기 위해 실천하라고 요구한다. '생각'은 당신의 아이디어와 행동의 축이 되고 나아가 성공을 위한 실천을 이끌어 낸다.

'금전등록기가 당신의 두뇌를 대신해 줍니다.'
《허슬러The Hustler》 1894년 6월호 뒤표지에 실린 그림

대부분의 사람들이 생각할 시간을 어떻게 가져야 하는지 알지 못한다. 그런 경우, 생각을 한 다음 그 생각을 글로 옮기는 연습을 하면 당신만의 생각을 간직하고 명확히 할 수 있다.

나는 40년 넘게 내 생각을 글로 옮겨 왔다. 생각을 글로 옮기면 생각 그 이상의 의미를 갖게 된다. 당신의 생각이 눈에 보이면 그 생각을 실현할 수 있다!

지금까지 당신은 어떤 생각을 해 왔으며, 그 생각을 어떻게 행동으로 옮겼는가? 그 생각이 실현되었다는 사실은 어떻게 깨달았는가?

자신의 생각이나 아이디어가 좋다는 느낌이 들면 행동으로 옮겨 보라. 생각을 행동으로 옮기려면 리스크가 따르기 마련이지만, 리스크를 성취와 성장의 기회라고 여겨라.

생각할 시간을 가져라. 단 15분이라도 좋으니 매일 생각하는 시간을 갖는다. 어떤 생각을 할 것인지, 어떤 해결책을 기대하는지 미리 결정한 뒤에 생각한다. 별 효과가 없을 것 같아 보여도 그 효과는 엄청나다. 터무니없는 아이디어라도 무조건 써 본다. 10분 동안 자신의 생각을 적어 본다. 의식의 흐름 속에서 놀라운 결과를 얻게 될 것이다.

당신의 성공을 이루는 명언

생각하라!
일주일 내내 생각하라.
그 결과는 엄청나며
평생 생각하는 습관을 얻게 된다.

- 제프리 지토머

원칙 02
신념이 있어야
설득할 수 있다

자신이 판매하는 제품에 신념이 있는 세일즈맨이라면 어렵지 않게 고객을 설득할 수 있다. – 프랭크 패링턴Frank Farrington (패터슨 서재의 책에서 밑줄이 그어져 있는 것을 인용함)

다른 사람에게 가장 설득력 있게 다가설 수 있는 것이 자기 신념이다. 이는 자기 자신에게도 적용된다. – 제프리 지토머

패터슨은 직원들에게 일을 가르치기 전에 인간으로서 자기 자신을 믿는 것을 먼저 교육했다. 1923년에 출간된 《프라이머》 첫 장에는 자기 신념에 대한 중요성을 말하고 있다.

'자기 자신을 믿어야 한다. 어떤 일을 맡았든, 그 일을 할 능력이 있든 없든

할 수 있다는 신념을 가져야 한다. 어떤 일이든 성공은 자신에게 달려 있다.'

자기 신념은 성공을 지탱하고 지지해 주며, 태도와 열정, 자신감을 다른 사람에게 전하는 가교 역할을 한다.

자신의 일과 고객에 대한 신념이 없으면 고객을 설득할 수 없다.

세일즈맨들은 경력을 쌓으면서 상품에 대한 지식, 인간관계의 기술, 인맥을 쌓는 기술 등을 중점적으로 배우려 한다. 그러나 이것들에는 진정한 성취를 맛볼 수 있는 성공의 핵심 요소 두 개가 빠져 있다. 바로 자기 신념과 긍정적인 태도이다.

깊이 생각하는 리더, 철학자, 자기 계발 전문가들의 공통점은 긍정적인 생각과 자신에 대한 신념을 주제로 끊임없이 글을 썼다는 것이다.
《카네기 인간관계론 How to Win Friends and Influence People》의 저자인 데일 카네기Dale Carnegie는 다음과 같이 말했다.

'자신이 하는 일에 신념이 있다면 일에 방해될 것은 아무것도 없다. 최고의 성과는 불가능해 보이는 일을 해내면서 이루어진다. 일을 완수하는 것이 무엇보다 중요하다.'

자기 신념이 얼마나 중요한지 이제 깨달았을 것이다. 시간이 흘러도 변함없는 격언은 오랜 시간이 그 진가를 입증해 준다. 하지만 대부분의 사람들이 격언의 진정한 힘을 깨닫지 못해 어떤 행동도 취하지 않는다는 것이 문제이다. 읽기만 해서는 안 된다. 행동으로 옮겨야 신념을 얻을 수 있다. 당신의 말과 실천은 당신의 신념을 보여 주는 거울이다.

격언과 진실은 당신의 내면을 보고자 하기 때문에 사람들은 이를 지나쳐 버리곤 한다. 격언은 당신의 과거, 현재, 앞으로의 성장 방향에 대해 생각하게 만든다. 빛나는 생각과 보석 같은 지혜들이 담긴 책 《놓치고 싶지 않은 나의 꿈 나의 인생 Think and Grow Rich》에는 다음과 같은 말이 나온다.

'생각하고 믿으면 무엇이든 이룰 수 있다.'

오늘 아침 《성공의 법칙 Psycho Cybernetics》의 저자인 맥스웰 몰츠 Maxwell Maltz로부터 '오늘의 격언'이라는 이메일을 받았다.

'절대 불가능할 것이라고 생각되는 일을 해낼 수 있는 힘은 자신 안에 있다. 확고한 신념을 가지면 그 힘을 얻을 수 있다.'

당신은 어떤가?

- 무엇에 신념을 갖고 있는가?
- 열정적으로 살 만큼의 신념을 갖고 있는가?
- 당신의 관점과 방식이 최선이라는 것을 다른 사람에게 설득시킬 수 있는가?
- 반드시 성공하겠다는 신념을 갖고 있는가?
- 자기 신념을 강화하는 자신만의 방법이 있는가?
- 자기 신념과 성공이 밀접한 관련이 있다는 사실을 아는가?

'성공하지 못하는 것은 기술이 부족한 것이 아니라 신념이 부족하기 때문이다.'

내가 만든 격언이다. 내 경험에서 봤을 때 이보다 더 진실한 격언은 없다고 생각한다.

성공 가능성을 최대한 높이려면 무언가를 이행하기 전에 신념 체계부터 확고히 해야 한다. 신념 체계를 확고히 하려면 자신에 대한 엄격한 평가가 있어야 한다. 이는 세미나나 교육을 통해 얻을 수 있는 것이 아니라 자신에게서 찾아야 한다. **'믿어야 한다.'** 라는 말을 믿어라!

자기 신념의 '방법'을 찾기 위해서는 스스로에게 왜 믿는지 혹은 왜 믿지 않는지 그 '이유'를 물어봐야 한다. 신념을 확고히 하려면 어떤 일을 해야 하는지도 물어보아야 한다.

 **인생을 바꿀 만한 교훈을 원하는가?** 당신의 신념을 약하게 만드는 요소나 대상을 적어 본다. 그런 다음 치유할 방법을 적고 내년을 위해 그 치유법을 적용하라.

당신의 눈이 휘둥그레질 만한 사실을 알려 주겠다!

신념이 확고해짐에 따라 당신의 주머니도 풍족해진다. 신념이 강해지면 혁신적이며 창의적인 사람으로 탈바꿈되고, 고객의 상품 구매를 이끄는 열정적인 사람으로 변화된다.

열정과 물건을 팔려는 욕망은 천지 차이다. 기억하라! 사람들은 떠밀려서 강매당하는 것은 싫어하지만 스스로 구매하는 것은 좋아한다.

FREE GITBIT

신념에 관한 격언들을 더 보고 싶다면 www.gitomer.com에 접속해서 회원 등록을 한 다음 GitBit 박스에 'I BELIEVE' 라고 치세요.

■ LITTLE PLATINUM BOOK OF CHA-CHING!

원칙 03
긍정의 태도는
자신에게 달려 있다

> 개인의 태도에 따라 성패가 갈린다. – 존 패터슨

자신을 이끌어 가는 방식이 긍정적이든 부정적이든 그것은 그 사람의 태도를 나타낸다. 자신이 생각하는 바를 그대로 밀고 나가느냐 포기하느냐는 당신의 선택에 달려 있다. – 제프리 지토머

지금보다 좀 더 나은 직장으로 옮겨 월급을 더 받고, 결혼하여 아이를 갖게 되면 인생이 더 나아질 것이라고 생각하는가? 또는 무언가 이뤄지면 인생이 더 나아질 것이라고 생각할지도 모른다.

아이가 어릴 때는 뒤치다꺼리가 힘들어 아이가 크면 좋아질 거라고 생각한다. 아이가 커서 10대가 되면 다루기 힘들다고 한탄하면서 아이가 독

립하면 좋아질 거라고 생각한다. 혹은 배우자가 자신과 언제나 함께하길 바라거나 더 좋은 차, 더 좋은 집, 높은 연봉, 새로운 상사, 심지어 은퇴하면 행복해질 거라고 생각한다.

현재만큼 행복한 시간은 없다. 지금 행복하지 않으면 언제 행복하겠는가? 행복하지 않다고 생각하면 당신의 삶은 어려움과 실망으로 가득 찰 것이다. 이런 사실을 인정하고 어떤 일을 겪더라도 행복하다는 마음을 갖도록 하라.

알프레드 수자 Alfred Souza 는 다음과 같이 말했다.

"오래 전부터 앞으로 진정한 내 인생이 펼쳐질 것이라고 생각했다. 하지만 시급히 처리해야 할 일, 마무리해야 할 일, 모자란 시간, 갚아야 할 빚 등 문제가 계속 생겼다. 이것들을 다 처리하면 새로운 인생이 시작될 것 같았다. 그러나 이 모든 문제들이 내 인생 그 자체라는 사실을 불현듯 깨달았다."

당신의 마음가짐이 당신에게 동기를 부여하고 영감을 준다. 긍정적인 마음은 자기 신념에 영양분을 공급한다. 비즈니스의 성공, 직장 내에서의 성공, 세일즈의 성공, 궁극적으로 인생의 성공 등 모든 성공은 긍정적인 태도에서 싹튼다.

긍정의 태도에 대해 더 알고 싶다면, 이에 대해 설명한 나의 책《예스로 승부하라 The Little Gold Book of YES! Attitude》를 참고하라. 이 책은 긍정적인 태도를 YES!의 단계로 격상시키는 책이다.

YES!로 생각하고 YES!로 말하라. 그리고 YES!의 태도를 익혀라.

여기서 말하는 태도란, 자신이 생각하는 대로 자신을 이끌어 가는 방식이라고 정의할 수 있다. 부정적인 생각 또는 긍정적인 생각을 갖는 것은 자신의 선택이며 과정이다. 안타깝게도 부정적으로 생각하는 것이 인간의 본능이기 때문에 긍정적인 생각은 배우고 연습하는 과정을 통해서만 얻을 수 있다.

생각하라! 커뮤니케이션이나 프레젠테이션을 할 때 그 사람의 태도를 볼 수 있는데 가족이나 재정, 건강 등에 문제가 생기면 태도에 영향을 끼친다.
이런 문제를 직장이나 비즈니스, 프레젠테이션, 고객 커뮤니케이션 등에 끌어들이면 성과가 떨어지거나 실패할 수도 있다. 또한 직장의 분위기를 망치거나 부정적인 일이 일어날 수 있고, 아예 고객을 잃을 수도 있다. 또한 태도에 관한 트레이닝을 받지 않으면 사적인 일을 공적인 일에 끌어들이고, 자신의 무능함을 남의 탓으로 돌리기도 한다.

 **당신의 태도를 바꾸고 싶은가?** 태도를 바꾸기 위한 행동을 실천하라. 긍정적인 태도를 가지려면 신체적·언어적·정신적인 실천이 필요하다. 날마다 긍정의 격언을 선택해 당신이 가장 소중하게 여기는 50명에게 이메일로 보내라. 몇 달 뒤에는 중요한 비즈니스 관계자와 고객 50명에게도 격언을 보내라. 이렇게 하다 보면 당신도 긍정의 태도를 넘어 YES!의 태도를 가질 수 있다.

행복에 이르는 길이 따로 있는 것이 아니다. 행복은 당신 안에 이미 존재할 뿐 아니라 곳곳에 있다.

모든 순간을 소중하게 여겨라. 당신의 시간을 풍족하게 해 주는 특별한 사람들과 이 순간을 함께 할 수 있다는 사실에 감사하라!

행복을 찾기 위해 졸업이나 입학, 체중 감량, 결혼, 출산, 금연, 자녀의 독립을 기다리는 어리석은 행동을 멈춰라.
행복을 찾기 위해 은퇴, 이혼, 금요일 저녁, 일요일 아침, 새 자동차, 좋은 집, 할부금의 지불 완료, 봄, 여름, 가을, 겨울, 월급날을 기다리는 어리석은 행동을 멈춰라. 당신의 행복을 찾는다고 만취하거나 복권 당첨을 한없이 기다리는 어리석은 행동도 멈춰라!

행복해지기 위해 오늘보다 좋은 때는 없다. 오늘을 선택하라!

행복한 순간은 목표나 목적을 달성하는 순간이 아니다. 지금 이 순간이 바로 행복한 순간이다.

행복은 매일매일의 선택이다. 행복을 선택하라!

FREE GITBIT

행복해지게 도와주는 태도 지침을 알고 싶다면 www.gitomer.com에 접속해서 회원 등록을 한 다음 GitBit 박스에 'Happy Attitude'라고 치세요.

■ LITTLE PLATINUM BOOK OF CHA-CHING!

원칙 04

승자와 패자는 훈련으로 구분된다

게으름에는 돈이 든다. 아무리 머리가 좋고 화려한 경력이 있어도 게으름을 피우면 비싼 대가를 지불해야 한다. - 존 패터슨

비즈니스 성공은 서바이벌 게임이다. 준비를 잘하면 비즈니스에서 살아남을 확률이 높고, 완벽하게 준비하면 이길 확률이 높다. - 제프리 지토머

비즈니스에 생존 전략을 항상 적용할 수 있는 것은 아니지만, 전략을 익혀 두면 어려운 상황이 발생했을 때 도움을 받을 수 있다.

생존 전략은 사막에서 물을 찾는 것에서부터 경쟁자를 이기는 방법, 어려운 시기에 승리하는 방법, 어떤 고난과 환경 속에서도 승리하는 방법 등이 있다.

생존은 안식처를 구하는 것이 아니다. 상황과 환경을 완벽하게 마스터해서 승리에 이르는 것이다.

항상 건강한 상태를 유지하고, 어떤 상황에서도 행동할 수 있는 자세를 갖추고 있어야 살아남을 수 있다.

기초 트레이닝에는 신체적·정신적·심리적 훈련 등이 포함된다. 비즈니스라는 스포츠에서 이기기 위해 집중 기초 트레이닝은 반드시 필요하다.

군대에 입대해서 가장 먼저 하는 것이 건강을 유지하고 신체를 강화시키는 것이다. 신체를 단련해야 정신적인 문제를 다룰 수 있기 때문이다. 이 훈련을 '신병 훈련'이라고 하는데, 신병 훈련 과정을 마친 사람은 매일매일의 훈련을 자세히 기억한다. 훈련 과정을 좋아했든 싫어했든 이 과정을 마치고 나면 몸이 최상의 상태가 된다는 사실은 누구나 인정한다.

패터슨은 최고의 직원을 채용하기 위해 신병 훈련 과정을 만들고 지원자가 이 훈련에 참여하게 했다. 패터슨은 채용 과정을 직원이나 세일즈맨을 선발하는 과정이 아니라, 훈련을 통해 비즈니스와 세일즈, 나아가 성공을 이룰 수 있는 사람을 채용한다고 생각했다.

몽고메리역사학회 NCR기록보관소 자료

1924년경 훈련소 슈거 캠프에 설치된 텐트

NCR의 모든 지원자들이 참가하는 '기초 훈련'은 육군의 기초 훈련 과정과 유사했다. 기초 훈련 과정 동안 지원자들은 비가 오고 눈이 와도, 덥거나 추워도 다른 지원자들과 야외 텐트에서 함께 지내야 했다. 이런 방법을 통해 다방면에서 강인하다고 생각되는 인재를 채용했다.

최고의 인재를 찾아내는 패터슨의 능력은 이미 전설이 되었다. 패터슨의 훈련에 참가하고자 하는 사람들은 수없이 많아 한 번에 수백 명이 모이기도 했는데, 훈련에 참가해서 보수를 받기도 전에 자신이 NCR에 적합한 인재라는 것을 증명하려 했다. 1900년 당시 NCR의 초봉은 주급 4달러였다. 당시에는 자동차가 없었기 때문에 기름 값 걱정도 없었다.

우리는 종종 활기차고 생기 있어 보이는 사람을 만나곤 한다. 이렇듯 신체와 정신이 잘 조화된 사람은 민첩하고 활동적이며, 세일즈를 할 준비는 물론 살아남고자 하는 열정도 남다르다.

우연의 일치인지는 모르지만 이들은 자신의 열정과 자신감을 다른 사람들에게도 전파한다. 이런 사람들은 비즈니스에서도 정보를 긍정적으로 받아들인다.

나는 이런 활기찬 사람이 주는 느낌을 지성과 체력, 아름다움까지 모두 갖춘 '완전 상품'이라고 표현하고 싶다. 단순히 아름다운 것이 아니라 매력적이다. 이는 신뢰와 수용 면에서도 마찬가지이다.

사람들이 즐거워하다가 이내 지루해 하는 것은 일상생활이라는 기초 훈련의 강도를 따라가지 못하기 때문이다. 당신은 기초 훈련에 얼마나 투자하고 있는가?

 **비즈니스를 향상시키기 위해 헌신적으로 노력하고 있는가?** 자신만의 신병 훈련 방법을 갖고 있는가? 그것을 설명할 수 있는가? 자신을 어떻게 통제하는가? 자신만의 훈련 일정이 있는가?

좀 더 깊이 생각해 보자. 당신은 패터슨의 신병 훈련에서 살아남을 수 있는가?

몽고메리역사학회 NCR기록보관소 자료

1924년 7월 11일 NCR 세일즈맨들의 훈련 모습

발전하려면 신체와 정신을 강화하는 훈련을 해야 한다. 훈련만으로도 비즈니스 경기를 향상시킬 수 있다. 매일 30분씩 정신 훈련을 하라. 매일 30분씩 신체 훈련으로 땀을 흘려라. 이렇게 평생 동안 강화된 신체와 정신적 재능을 자신에게 선물하라.

신체 훈련을 꾸준히 하면 다음과 같은 효과를 볼 수 있다.

- 두려움을 줄일 수 있다.
- 스트레스를 좀 더 효율적으로 관리할 수 있다.
- 긍정적인 자부심과 자신감이 향상된다.

- 좀 더 편안하게 휴식하고 밤에 숙면을 취할 수 있다.

- 목표 설정, 헌신, 성취에 대한 가이드라인을 세울 수 있다.

신체 건강과 정신 건강은 연관성이 있다. 신체 훈련으로 혈액순환이 활발해져 뇌에 혈액 공급이 잘되면 생각이 맑아지고 올바른 선택을 할 수 있다. 하루에 30분씩 일주일에 다섯 번, 신체적 이익과 함께 정신적인 성공 계획을 세우는 시간을 내도록 한다.

"몸이 아프면 지적 능력에 영향을 주고, 생각을 정리할 수 없을 뿐 아니라 업무 진행에 방해가 된다." - 존 패터슨

"건강이 좋지 않으면 재정적으로 성공하는 기회를 잃을 수 있다." - 제프리 지토머

▪▪▪ 당신의 성공을 이루는 명언

정신과 신체가 교향악단처럼 조화를 이루어야
목표를 성취할 수 있다.
몸과 마음이 일치를 이루지 못하면
공연은 불협화음을 낸다.

-제프리 지토머

원칙 05
성공은
지식과 행동의 결합물이다

<u>비즈니스를 하면서 용기를 내고 싶지 않거나 문제를 해결할 의욕이 없다면 회사 문을 닫아라.</u> – 존 패터슨

당신은 해야 할 일을 알면서도 실천하지 않는다. – 제프리 지토머

짐 론 Jim Rohn 은 "성공하지 못하는 가장 큰 이유는 주변 정보를 있는 그대로 받아들이지 않기 때문이다."라고 말했다. 이 말에 나의 말을 조금 덧붙이겠다. "성공할 수 있다는 신념, 즉 자신감이 없기 때문이다."

성공하고 싶다는 마음은 중요하지 않다. 왜 성공하려고 하는지를 알아야 한다. 또한 자신의 성공을 가로막고, 신념 체계를 무너뜨리고, 계획의 실천을 방해하는 것이 무엇인지 알아내야 한다.

몽고메리역사학회 NCR기록보관소 자료

1913년, '아이 윌 I WILL' 클럽에서 연설하고 있는 패터슨

지식이 부족하고, 결단력이 부족하고, 자신이 하는 일에 애정이 없으면 신념 체계는 쉽게 무너진다. 성공하고자 하는 진짜 이유를 알지 못하면 쉽게 포기하고 만다. 돈 그 자체가 아니라 돈을 벌고자 하는 진정한 이유와 그 돈으로 무엇을 할 것인지 명확히 알아야 한다.

어떤 방법으로 끊임없이 공부할 것인가? 성공하기 위해 시간을 얼마나 할애하는가? 당신의 '지식'을 늘리는 데 도움이 되는 시간을 말하는 것이다. 당신만의 태도를 갖추기 위해, 비즈니스와 세일즈 기술, 고객 서비스, 더 나은 삶을 위해 하루에 15분이라도 투자하고 있는가? 쓸데없는 TV 재방송으로 시간을 허비하지 말라.

더 나은 사람, 더 좋은 친구, 더 좋은 배우자, 더 좋은 부모, 더 좋은 동료, 더 좋은 비즈니스맨이 되기 위한 훈련에 시간을 할애하는가?

"눈과 손을 사용하는 교육이 가장 효과적이다. 들은 것을 기억하기는 힘들지만 보고 직접 해 본 것은 기억하기 쉽다." - 존 패터슨

"부를 쌓고 싶다면 지식부터 쌓아라." - 제프리 지토머

생각하라!

다음 질문에 대해 생각해 보자. 초기에는 좌절할 수도 있지만 당신의 대답과 모범 답안의 간극을 좁힌다면 성공으로 가는 길을 찾을 수 있다.

1. 지난 1년 동안 몇 권의 책을 읽었는가?
2. 지난 1년 동안 긍정의 태도 및 자기 계발과 관련된 책을 몇 권이나 읽었는가?
3. 지난 1년 동안 창의력과 사고에 관련된 책을 몇 권이나 읽었는가?
4. 지난주에 몇 시간이나 TV를 보았는가?
5. TV를 보는 이유는 무엇인가?
6. TV 시청 시간을 독서 시간으로 바꾸는 건 어떤가?
7. 운전을 하면서 자기 계발 CD나 MP3를 몇 개나 들었는가?
8. 운전을 하면서 라디오를 듣는 시간은 얼마나 되는가?
9. 라디오 청취를 지식 습득으로 바꾼 시간은 얼마나 되는가?
10. 그렇게 바꾸면 어떤 점이 좋은가?
11. 투자 시간으로 바꾸지 않고 하릴없이 시간을 보내면 어떤 대가를 치러야 하는가?

생존과 성공은 지식과 행동의 결합물이다. 당신은 무엇을 얼마나 알고 있는가? 알아야 할 지식에 비해 당신의 지식은 어떤가? 당신은 시간을 어떻게 보내고, 성공에 다가가기 위해 어떤 행동을 하는가?

아래 질문에 대답해 보면 자신의 현재 상황과 성공을 위해 도달해야 할 다음 단계를 알게 될 것이다.

◆ **지식**: 왜 성공하고 싶은가? 이 질문에 대답할 때마다 '왜?'라는 질문을 덧붙여라. 4~5단계가 되면 진정한 이유를 알게 된다.

◆ **행동**: 매일 15분씩 시간을 내서 자신에게 긍정적인 도움을 주는 일을 하라. 이 작은 행동이 나약해진 당신에게 성장 기회를 제공할 것이다.

◆ **생존**: 당신의 고객 가운데 최고의 고객 두 명을 놓치는 경우를 생각해 보라. 그 일이 현실이 되기 전에 막을 수 있는 방법을 생각해 본다.

◆ **성공**: 일주일에 한 명씩 성공한 사람을 만나서 당신의 성공에 도움이 될 만한 질문을 하라. 1년 뒤에는 황금 조각 50개를 얻을 것이다.

무엇을 알고 있는가?
어떤 방법으로 지식을 돈으로 만들 것인가?

원칙 06
공부는 지식을 위한 첫 훈련이다

세일즈맨십은 시간이 지나면 저절로 쌓인다고 생각하는 사람들이 있다. – 존 패터슨

로마가 하루아침에 세워진 것이 아니듯이 날마다 노력해야 세일즈에 성공할 수 있다. – 제프리 지토머

'공부'라는 말은 잘못 사용되고 있다. 공부는 자기 계발과 지식의 확대를 뜻한다. 공부는 교육과 인식일 뿐만 아니라 배우고자 하는 열망과 헌신을 의미하기도 한다.

집중력과 강도, 배운 것을 실천으로 옮기는 의지에서 독서와 공부의 차이가 생긴다.

성공으로 이끄는 원칙과 원리를 완벽하게 마스터하려면 메시지를 반복적으로 학습하고 끊임없이 연습해야 한다.

공부란 위업을 성취하기 위해 끊임없이 자기 훈련을 적용하는 것이다.

발전하고 성공하는 회사로 만들기 위해 가장 중요한 과정 중의 하나가 직무교육훈련 OJT: On the Job Training 이다. 배우는 것은 끊임없이 하면서 최선을 다하기 위한 훈련은 왜 하지 않는가?
정상급 운동선수들이 완벽한 경기를 하고 최고의 기록을 내기 위해 끊임없이 훈련하는 것처럼 정상급 비즈니스맨과 세일즈맨도 지속적으로 훈련을 해야 한다.

당신은 시간을 낭비하는가, 아니면 투자하는가? TV 앞에서 보내는 시간은 얼마나 되는가? 재방송을 30분 더 보는 것과 세상에서 가장 중요한 존재인 당신의 성공을 돕는 책을 30분 읽는 것 중에서 어떤 30분이 도움이 되겠는가? TV 시청 시간을 자기 계발 시간으로 바꾸어라.

당신의 비즈니스에서 성공하기 위해 열심히 공부하고 연구해야 한다. 언젠가 하늘에서 성공이 떨어지기를 기대해서는 안 된다. 자신의 비즈니스와 시장에 대해 끊임없이 공부

하고 고객에 대해 연구하면, 새로운 아이디어와 차별성으로 성공의 기회를 더 많이 얻게 된다.

비즈니스와 세일즈는 태도와 적성, 불굴의 용기, 열망, 성공에 대한 끈기와 결단력을 얻을 수 있게 끊임없이 기술을 배우는 것이다. 이 기술들은 당신의 비즈니스 기술과 함께 어우러져야 하는 자기 계발 기술이다.

공식은 정말 간단하다. 자신이 파는 상품이나 서비스, 회사, 그리고 학교에서는 결코 배울 수 없는 비즈니스 기술을 익힌 당신 자신을 신뢰하고 일하는 것이다. 이 책에 포함되어 있는 비즈니스, 세일즈, 서비스 원리, 태도에 대해 공부하고, 성공으로 이끄는 행동을 익히고 실천하면 자신감을 얻을 것이다.

스스로 찾아라! 회사에서 충분한 훈련을 제공하지 않는다면 스스로 계획을 만들어라. 당신의 꿈과 성공에 필요한 모든 정보는 세상에 이미 다 있다. 그 정보의 바다에 자신을 던지지 않는 것이 문제이다.

성공에 필요한 기술을 배우겠다는 열정을 가져 본 적이 있는가? 이 열정의 50퍼센트는 일에 대한 애정으로 만들어진다.

셀프 테스트

- 나는 하루 15분 성공 정보를 읽거나 듣는 것에 할애한다.
- 나는 직장 동료의 일이 내 일과 내 성과에 어떤 영향을 미치는지 알고 있다.
- 나는 동종 업계의 신문 또는 잡지, 고객이 속한 회사의 업계 신문을 읽고 있다.
- 나는 동종 업계의 전시회에 참석하고 있다.
- 나는 말재주가 뛰어나다.
- 나는 공부 및 훈련 계획을 잘 세우고 있다.

 날마다 새로운 비즈니스 정보와 성공 테크닉을 읽으면서 공부하고 경청하라. 하루 일과를 마치기 전에 그 테크닉을 한 번이라도 시도해 보도록 노력하라.

● 보너스 : 매일매일 하나의 테크닉을 연습하며 1년을 보내면, 주말에는 쉰다고 해도 약 250개의 새로운 테크닉을 익힐 수 있다. 5년이 지나면 전문가가 되어 있을 것이다.

■■■ 당신의 성공을 이루는 명언

비즈니스는 가르침이 전부다.

−존 패터슨

시간을 허비하지 말고 투자하라.
공부와 훈련은 시간이 걸리지만
자신을 위한 일생일대의 투자이다.
자신은 물론 다른 사람의 교육과 훈련에도 시간을 투자하라.

−제프리 지토머

■ LITTLE PLATINUM BOOK OF CHA-CHING!

원칙 07

지식을 쌓으려면
책을 읽어라

뇌의 장점은 모든 것을 모으는 집합소라는 것이다. 당신의 뇌에 위인들도 모셔 올 수 있다. 위인은 어디에서 만날 수 있을까? 책에서 만나 모셔 올 수 있다. - 《NCR의 세일즈 성사 How To Close A Sale》 중에서

정규 교육은 생계를 잇게 해 주고, 자기 계발은 부를 가져다준다. - 짐 론 Jim Rohn

자기 계발을 어떻게 하느냐에 따라 당신의 연봉이 정해진다. - 제프리 지토머

책이 없으면 책을 읽을 수가 없다. 성공 관련서로 가득한 서재는 다른 사람의 지혜를 얻을 수 있는 기회를 제공한다. 물론 '독서'가 전제되어야 하지만.

다른 사람의 사고방식을 알고 싶다면 그 사람의 서재를 살펴보라. 그 사

람이 읽는 책이 그 사람의 사고를 결정한다. 성공에 관한 책을 읽기로 결정하면 성공할 가능성도 높아진다. 책으로 가득한 서재는 지속적으로 공부할 수 있는 환경도 제공한다.

존 록펠러John D. Rockefeller는 도서 대출 카드를 사용하지 않았다. 몇 주 동안 책을 빌리는 대신 책을 사서 읽고 자신의 서재를 만들었다.

책은 읽기 위한 것만이 아니라 인생의 참고서가 되기도 한다.

나는 "제프리, 당신이 쓴 책을 읽었어요."라고 말하는 사람들을 자주 만난다. 하지만 "당신 책에 나온 원칙들을 매일 실행하고 있어요."라고 말하는 사람은 별로 만나지 못했다.

책을 가지고 있으면 필요할 때 찾아보면서 내용을 참고할 수 있고, 다시 보면서 내용을 명확히 할 수 있다.

생각하라! 독서에 대해 생각해 보자. 당신이 좋아하고 흥미를 느끼는 내용에 관한 책부터 읽으면서 독서 습관을 몸에 익히고 지식에 대한 열망을 키울 수 있다. 지식은 중독성 있는 마약과 같다.

15잔의 맥주와 15권의 책 중 어떤 것이 좋을까? 맥주는 화장실을 사용하게 하지만, 책은 당신의 화장실을 꾸밀 수 있게 해 준다. 평생 동안 공부를 하겠다는 것은 자기 계발을 위해 적어도 하루 한 시간은 무엇이라도 읽고 듣는다는 것을 뜻한다.

 비즈니스, 세일즈, 습관, 삶을 향상시켜 주는 책 중에서 당신이 읽은 책의 목록을 적어 보자. 그런 다음 읽어야 할 책의 목록과 무엇 때문에 책을 읽지 않고 있는지 그 이유도 적어 보자.

나는 비즈니스, 세일즈, 자기 계발 등 성공에 관해 다룬 책들을 수집하고 있다. 고서, 희귀본, 문고본, 좋은 책, 도움이 되는 책, 보석 같은 지식으로 가득한 책 등 모두 수집한다.

훈련만으로는 당신이 꿈꾸는 정상에 도달할 수 없다. 훈련으로 방법을 익히고, 공부로 이유를 배워야 마침내 정상에 도달할 수 있다.

 @BAT 비즈니스 혹은 긍정적인 태도에 관한 책 세 권을 한 번에 한 챕터씩 번갈아 가며 읽어 보자. 책을 읽어 나가면서 실천 메모나 아이디어가 떠오르면 책 한 귀퉁이에 적어 둔다. 메모가 쓰인 페이지는 접어 두었다가 한꺼번에 컴퓨터로 옮겨 적는다. 이런 책 읽기 방법이 당신의 지식과 아이디어를 실천으로 확실하게 옮길 수 있게 도와줄 것이다.

나폴레온 힐, 오리슨 스웨트 마든, 데일 카네기 등 출간된 지 오래된 자기 계발서를 읽다 보면 진부하다는 느낌을 받을 수도 있다.

그렇다 하더라도 이 책들은 읽을 만한 가치가 충분히 있다. 이 책들을 구식이라고 읽지 않고 그냥 넘기는 것은 어리석은 판단이다.
나는 오래된 자기 계발서들도 모두 읽었을 뿐만 아니라 그 책들에 나오는 원칙들도 공부하고 매일 실천하고 있다.

FREE GITBIT

제프리 지토머가 추천하는 도서 목록이 궁금하다면, www.gitomer.com에 접속해서 회원 등록을 한 다음 GitBit 박스에 'BOOK LIST'라고 치세요.

■ LITTLE PLATINUM BOOK OF CHA-CHING!

원칙 08
계획이
방향을 제시한다

업무 계획을 세우면 다음에 무엇을 할지 헤매지 않는다. – 존 패터슨

목표는 성공으로 이끌어 주는 로드 맵 road map 과 같다. 하지만 목표가 성공을 보장하지는 않는다. 성공은 오로지 당신에게 달려 있다. – 제프리 지토머

여행을 할 때 로드 맵을 사용하는 사람들도 목표와 성공을 위한 로드 맵은 사용하지 않는 경우가 많다.
길을 모르는 곳을 찾아가야 할 때 운전자들은 내비게이션의 도움을 받고, 대중교통을 이용하는 사람들은 길 찾기 사이트를 통해 지도를 확인하거나 프린트를 하기도 한다.
많은 사람들이 길을 찾을 때 이런 방법을 사용하지만, 이런 사람들조차

실천으로 옮기고 성공을 쟁취하기 위해 목표의 지도를 찾아 점검하고 프린트하지는 않는다.

자기 계발을 위한 굳건한 계획, 제품에 대한 상세한 지식, 경쟁과 계약을 위한 새롭고 빛나는 아이디어 등이 좀 더 빠르고 성공적인 결과를 가져온다.

오래된 것이긴 하지만 기억해 둘 만한 말이 있다.

"모세에게 지도가 있었다면 40년간 헤매는 일은 없었을 것이다."

누구나 목표를 설정한다. 어떤 사람은 자신의 목표를 설정하고, 어떤 사람은 세일즈 목표, 세일즈 계획, 세일즈 타깃을 위한 목표를 설정한다. 어떤 사람은 목표 달성을 위해 상세한 계획을 세우고, 어떤 사람은 다이어리에 적고, 또 어떤 사람은 갖고 싶은 자동차, 보트, 집 등의 사진을 잡지에서 오려 붙이기도 한다.

나는 내 목표를 포스트-잇 노트Post-it note에 적어 화장실 거울에 붙여 놓는다. 항상 사용하는 곳이기 때문이다.

목표를 달성할 방법을 포스트-잇 노트에 적어 잘 보이는 곳에 붙여라. 나는 가장 쉽고 좋은 목표 달성 방법을 개발했다. 지금 당장 포스트-잇 노트를 가져와 크든 작든 당신의 목표를 여러 장의 포스트-잇 노트에 적는다. 그런 다음 그것을 화장실 거울에 붙인다.

매일 아침, 매일 저녁 포스트-잇 노트에 적힌 목표를 보게 되면, 목표 달성을 위한 행동을 실천으로 옮기기 시작할 것이다. 목표를 달성하는 날까지 매일 조금씩 실천하면 된다.
마침내 목표를 달성하면 화장실 거울에 붙여 두었던 포스트-잇 노트를 떼서 침실 거울에 붙인다. 매일 옷을 갈아입을 때마다 포스트-잇 노트를 보면서 자신이 이룬 성공을 맛볼 수 있을 것이다.

세미나 사회자와 동기부여 강사들은 4퍼센트 미만의 사람들만 목표를 설정한다고 말한다. 거짓말이다. 누구나 하나 이상의 목표를 갖고 있다. 그렇다면 이 4퍼센트 미만의 사람들은 어떤 사람들을 말하는 것일까? 바로 설정한 목표를 '달성한' 사람들을 말한다.

이루지 못할 목표를 세운 적이 있는가? 목표를 향해 노력하는 도중에 포기하고 이전의 방식으로 돌아간 경험이 있는가? 물론 있을 것이다. 누구에게나 그런 경험이 있다.
그 이유를 알고 싶은가?

알리 에드워드Ali Edwards의 블로그를 방문해 보라. 나는 이곳에서 올해 최고의 깨달음을 얻었다. 알리가 해답을 알고 있었다.

알리의 블로그(aliedwards.com)에는 알리의 생각, 다른 이에게 배운 것 등이 게재되어 있다. 알리가 자신의 블로그를 방문한 사람들에게 '당신의 의도intention는 무엇입니까?'라고 물은 적이 있는데, 나는 그 글을 보고 놀랄 만한 깨달음을 얻었다.

목표와 의도는 연관되어 있지만 의도가 목표 설정보다 앞선다. 의도가 부족하면 당신이 설정한 목표를 성취할 수 없다. 정말 간단하면서도 강력한 개념이며 명확한 사실이다.
당신의 의도는 무엇이며, 어떤 의도로 그 일을 하는가? 의도를 알면 목표를 달성하기 위한 나머지 행동이 뒤따른다. 목표와 의도 중 어느 쪽이 더 강력한가?

당신에게는 목표가 있거나 목표를 부여받았을 것이다. 하지만 의도가 있어야 노력의 결과물이 나온다. 어떤 의도로 그 일을 하는가? 다음의 질문을 생각해 보자.

- ◆ 당신은 어떤 일을 하고 싶은가?
- ◆ 당신은 어떤 일을 해야 하는가?
- ◆ 당신이 반드시 해야 하는 일은 어떤 일인가?
- ◆ 당신은 어떤 일을 하는 것을 좋아하는가?
- ◆ 당신의 일을 얼마나 좋아하는가?
- ◆ 당신의 일을 싫어하는가?

이 질문에 대답하고 나면, 다음 질문에 좀 더 나은 대답을 할 수 있을 것이다.

◆ **어떤 의도로 그 일을 하는가?**

당신의 의도는 행동에 감춰진 생각을 나타내는 것이다. 의도는 당신의 말과 행동의 이유가 된다. 의도가 나쁘면 말과 행동도 나쁘다. 의도가 순수하면 말과 행동도 순수하다. 당신에게 목표나 특정 목표를 달성하고자 하는 의도가 있다면, 당신의 말과 행동도 그 목표를 따른다.

사랑과 의도는 두려움과 의도, 혹은 욕심과 의도보다 훨씬 더 열정적인 관계라고 생각한다.
'지옥으로 가는 길은 선의로 포장되어 있다. The road to hell is paved with good intentions' 라는 격언이 있는데, 개인적으로 나는 그 반대라고 생각한다.

의도에는 여러 가지 종류가 있다. 가장 쉬운 분류는 선의와 악의이다. 즉 옳은 일을 하겠다는 의도이거나 그른 일을 하겠다는 의도이다. 하지만 스스로 정당하다고 생각하여 옳지 않아도 의도를 가질 때도 있다. 어떤 사람은 그런 일을 당해도 마땅하다고 생각하는 것이다. 이런 의도가 '지옥'의 의도라고 생각한다.
당신의 의도가 무엇이든 관계없이 의도는 당신 행동의 기반, 목표 달성의 바탕이 되며, 당신의 열망에 대한 표현, 그리고 궁극적으로는 꿈을 형성한다.

어떤 면에서는 목표를 적기 전에 의도부터 적는 것이 맞다. '~할 생각이다.'라고 문장을 끝맺거나 더 나아가 '이번 주말까지는 ~할 생각이다.'라고 적는다. 의도에 기간을 정해 두면 그 의도를 이룰 수 있는 확률도 높아진다. 목표 역시 당신의 의도에 관한 것이다.

 **의도를 명확하게 하는 가장 좋은 방법은 의도의 범주를 정하는 것이다.** 범주를 정하고, 단어의 의미를 적어 본다. 범주마다 단일 단어를 사용하고 의도를 정의하는 데는 문장을 사용한다. 범주를 정할 때는 개인·직장·직업·공부·독서·비즈니스·삶·가족·돈·재미·여행·열정 등과 같은 것을 사용한다.

그런 다음에는 하고자 하는 의도가 무엇인지 적고, 언제까지 그 의도를 성취할 것인지 '~까지 ~을 할 생각이다.'라고 기간을 적는다. 기간은 짧을수록 좋다. 올해, 이번 달, 이번 주, 오늘, 30분 뒤.

목표를 적었다면 지난달이나 작년에 세웠던 목표를 얼마나 달성했는지 확인해 본다. 앞으로 30일 이내에 목표를 달성하려면 무엇을 해야 하는지, 6개월 안에, 1년 안에 해야 할 일은 무엇인지 꼼꼼히 확인한다. 목표를 새해 목표처럼 한곳에 방치해 두지 말라.

@BAT 자신을 지휘하라. 힘들어 쓰러지더라도 매일 이뤄야 할 한 가지 목표를 만들어라. 하루 일과가 끝나면 "해냈다!"라는 성취감을 느낄 수 있게 간단한 목표를 정한다. 한 달 후에는 한 가지 목표를 더 추가해도 쉽게 해낼 수 있을 것이다. 1년이 지나면 하루에 10개의 목표를 잡아도 모두 달성할 수 있게 된다.

FREE GITBIT

잡지 《Creating Keepsakes》에 게재된 알리 에드워드의 생각, 에세이, 스크랩북을 보고 싶다면 www.gitomer.com에 접속해서 회원 등록을 한 다음 GitBit 박스에 'ALI'라고 치세요.

■■■ 당신의 성공을 이루는 명언

패터슨이 했던 모든 것에는 목적과 목표가 있었다.
그가 한 모든 일은 좀 더 뛰어나고 훌륭하며
최고로 향하는 발걸음이었다.
그러므로 그의 첫 번째 원칙은
'만족은 발전의 적'이었다.

- 제프리 지토머

■ LITTLE PLATINUM BOOK OF CHA-CHING!

원칙 09
시간 관리를 하라

<blockquote>
비즈니스에서 시간만큼 중요한 것도 없다.

– 존 패터슨
</blockquote>

성공하는 사람은 시간을 100퍼센트 활용하지만, 실패하는 사람은 시간이 모자란다고 한탄한다. – 제프리 지토머

누구에게나 주어진 시간은 똑같다. 현명한 시간 관리는 돈이 들지 않는 최고의 투자이다. 시간 관리 능력을 선천적으로 가지고 태어나는 사람도 있지만, 훈련을 통해서도 얻을 수 있다.

'중요한 것부터 먼저 하기', 이것이 시간 관리의 기본 원칙이다.

패터슨은 '오늘 할 일'이라는 차트를 만들어 사무실 벽에 걸어 놓았다. 차트가 어마어마하게 커서 '오늘 할 일'을 하지 않고 지나칠 일은 결코 없었다. 크든 작든 패터슨은 모든 일을 정해진 시간 내에 완수하려고 했다. 그 일을 다 해내면 성공적인 하루를 보낼 수 있다는 것을 패터슨은 잘 알고 있었다. 패터슨은 이러한 시간 관리 전략이 세일즈맨과 NCR의 관리자들에게 꼭 필요하다고 판단했다.

시간 관리가 어려운 것이라고 생각할지도 모르지만, 전혀 그렇지 않다. 시간 관리에 관한 약간의 훈련만 받으면 결코 복잡하거나 어렵지 않다는 것을 알게 될 것이다. 어떤 종이에 어떤 메모를 하고, 어떤 카테고리를 만들고, 어떻게 우선순위를 정할 것인지 판단하는 기본 지식만 익히면 된다.

일일 업무를 포스트-잇 노트에 적어 보자. 하루 일과가 끝나면 당신이 완수한 일을 검토해 본다. 달성한 일이 하나도 없다면 하루를 허비한 것이다.

시간 관리는 본능적인 능력이다. 당신에게도 그러한 능력이 있지만 사용하지 않고 있을 뿐이다.

생각하라! 시간 관리에 대해 생각해 보자. 먼저 업무를 'A급 업무', 'B급 업무', 'C급 업무'로 우선순위를 정한다. 그런 다음 A급 업무를 완수할 때까지 B급 업무는 손대지 않는다.

대개의 사람들이 큰일을 시작하기 전에 작은 일부터 하려는 실수를 범한다. 큰일을 먼저 처리하면 작은 일은 자동으로 사라진다.
그렇다면 사람들이 일을 완수하지 못하는 이유는 무엇인가? 시급한 일과 중요한 일을 구별하지 못하기 때문이다.

사람들은 "시간이 없다."라는 말을 하는데, 가당치도 않은 말이다. 누구에게나 똑같은 시간이 주어진다. 시간을 허비하느냐, 투자하느냐에 따라 시간 관리의 승패가 갈린다. 'A급 업무'를 먼저 처리하지 않는다면 시간을 허비하는 것이다.

대부분의 사람들은 임시방편으로 시간을 관리한다. 중요한 일이 아니라 급한 일을 먼저 한다. 중요한 일과 급한 일에는 큰 차이가 있다. 중요한 일인 'A급 업무'를 하려고 할 때마다 급한 일이 생겨서 소중한 시간을 빼앗긴다. 따라서 긴급성과 중요성의 차이를 먼저 이해해야 한다.

누군가 갑자기 사무실 문을 박차고 들어와 "이 일부터 급하게 처리해야 돼!"라고 한다면 그 일은 긴급한 일이다. 고객으로부터 주문한 제품이 아닌 다른 제품을 받았다거나, 제품이 아직 도착하지 않았다는 전화를 받았다고 하자. 고객의 제품이 운송 중 어딘가에서 분실되어 주문이 뒤로 미뤄졌는데 고객은 주문이 미뤄진 사실을 모르고 있다. 이 일은 긴급한 일이다.

긴급한 일은 대부분 예방이 가능하다. 심지어 심장마비도 예방할 수 있다.

중요한 일은 당신 자신, 직장, 비즈니스, 가족 등을 지탱해 주는 기둥과 같은 역할을 하며, 목표를 달성할 수 있게 도와주는 일들이다. 중요한 일은 다소 장기적인 일인 경우가 많다.

긴급한 일부터 처리해야 할까? 물론 그래야 한다. 긴급한 일을 처리하되 중요한 일도 해야 한다. 예를 들어 당신의 비즈니스에 중요한 고객으로부터 수주(受注)를 하는 일은 중요한 일이다. 이 일을 통해 앞으로 10년 동안 관계를 이어 나갈 수도 있다.

기한이 정해져 있는 일은 긴급한 동시에 중요하다.

급한 일을 모두 다 처리하려 하고, 시간을 균형 있게 관리하지 못해서 문제가 발생하는 것이다. 이는 큰 실수로, 시간을 잘못 사용하고 있는 것이다.

이것은 당신만의 문제가 아니라 나의 문제이기도 하다. 나도 당신처럼 나 자신을 모든 문제를 처리할 수 있는 적임자라고 생각한다. 십여 년간 정신없이 일해 본 결과, 내 시간을 지키기로 마음먹었다.

나는 스케줄을 짜서 매일 매 시간을 헛되이 보내지 않으려고 노력한다. 나는 다른 쓸데없는 일에 열중하면서 의뢰받은 일을 억지로 처리하지 않는다. 일단 의뢰받은 일을 적어 둔 다음에 머리가 맑고 잘 돌아갈 때 처리한다.

나는 혼자 있을 수 있는 공간이 필요하다고 생각해 나 자신만의 외부 사무실을 마련했다. 그곳에는 책상도 없지만 평온함이 필요할 때 나는 그 사무실을 자주 찾는다. 나의 서재는 바로 그곳에 있다.
나의 외부 사무실 전화번호를 아는 사람은 극소수이다. 사무실에서는 어떤 전화든 다 받는다. 세계 어느 지역에서 온 전화이든 상관하지 않고 다 받는다. 하지만 걸어온 전화를 다 받으면 내 시간을 다 빼앗길 것 같아 사무실을 자주 비운다. 사무실에 있으면서 없는 척하긴 싫기 때문이다.

당신은 아침형인가, 저녁형인가? 많은 사람들이 자신을 '저녁형 인간'이라고 생각하는데, 이는 잘못된 생각이다. 자신을 저녁형 인간이라고 생각하는 사람들은 "저녁에 너무 열심히 일해서 아침에 일어날 수 없다."라고 말한다.

나는 지난 43년 동안 내가 저녁형 인간이라고 생각했다. 그러나 아침에 머리가 더 맑기 때문에 더 많은 일을 해낼 수 있다는 것을 깨달았다. 그러니 당신도 할 수 있다. 머리가 맑아지고 명확한 판단을 할 수 있는 환경을 만들고, 그 환경에서 스케줄을 만들어 집중해서 일하라.

이렇게 해 보자. 평소보다 한 시간 정도 일찍 잠자리에 든다. 다음날 아침에 한 시간 일찍 일어나서 정신운동이나 신체 운동을 한다. 중간 단계가 있다. 잠자리에 들기 전에 머리가 맑은지 확인한다. 해야 할 일, 처리해야 할 일 등 생각나는 모든 것을 적는다. 내키는 대로 무엇이든 다 적는다. 모두 적어 두면 머리도 기분도 한결 맑아지고 좋아질 것이다.

내일 해야 할 일의 목록과 다음 달에 해야 할 목록을 적는다. 업무 목록이나 아이디어 페이지를 만들어서 해야 할 일은 뭐든 적는다. 그러면 골칫덩이 때문에 악몽에 시달리다 깨는 일 없이 해결책을 갖고 깨어날 수 있을 것이다.

당신에게 "Yes!"라고 대답하거나 당신을 도울 수 있는 사람을 만나라. 이는 최우선 순위로 해야 할 일이며, 당신의 시간을 가장 생산적으로 보낼 수 있는 방법이다. 올바른 사람과 보내는 시간이 성공으로 가는 길을 제시한다.

■■■ 당신의 성공을 이루는 명언

시간 관리는
과정이 아니라 시간의 투자이다.
오늘 당신의 시간을 어떻게 투자할 것이며,
그 투자로 얻을 수 있는 것은 무엇인가?

- 제프리 지토머

원칙 10
모든 사람이 잠재 고객이다

구매하지 않을 사람을 만나려 하지 말고, 모든 사람을 잠재 고객이라 생각하고 만나라. – 존 패터슨

당신에게 "Yes!"라고 말하는 사람들과 만나라. – 제프리 지토머

어떤 비즈니스든 더 많은 고객이 필요하다.

문제는 다음과 같다. 당신은 고객이 어디에 있는지 모른다. 당신의 메시지를 받거나 광고를 본 사람이 상품을 구매하리라는 보장도 없다. 비즈니스에서는 회사나 상품을 홍보하고 잠재 고객에게 메시지를 전달하기 위해 막대한 비용을 투자한다.

고객을 찾는 것은 금광을 찾는 것과 같다. 예전에 금광을 찾아 나서며 일었던 열기를 '골드러시gold rush'라고 불렀다. 금광을 찾는 사람들은 금광이 표시되어 있는 지도를 구입하기 위해 어마어마한 돈을 지불했다. 그리고 많은 사람들이 금광에 인생을 바쳤다.

하지만 요즘 시대에 새로운 고객과 잠재 고객을 예상하는 것은 금광을 찾는 것만큼 위험하지 않고, 금광보다 더 많은 이익을 얻을 수도 있다. 잠재 고객을 예상하는 방법만큼이나 잠재 고객이 어디에 있는가를 예상하는 방법도 중요하다. 적절한 잠재 고객을 찾으면 자질구레한 일들을 피할 수 있기 때문이다.

고객을 찾아내 세일즈를 성사시키고 비즈니스를 확립하는 것이 세일즈의 가장 중요한 과정이었으며, 이것은 지금도 변함없다. NCR의 세일즈맨들은 일정한 영역을 할당받아 각자의 영역에서 세일즈를 창출해야 했다. 각각의 세일즈맨들은 자신의 영역을 누비고 다니면서 고객들을 찾고 많은 상점들에 전화를 했다.

1900년대 당시에는 기술이 지금보다 현저하게 뒤떨어져 고객을 찾는 것이 매우 어려웠다. 세일즈맨들이 연락하고자 하는 회사에 대해 사전 조사를 할 수 없는 경우가 허다했다. 인터넷도 없었고 이메일을 발송할 수도 없었다. 할 수 있는 일이라고는 잠재 고객을 알 만한 주위의 상점 주인이나 마을 사람과 이야기를 나누는 것이었다.

NCR이 성장하면서 고객 문의가 많아졌고, NCR의 세일즈맨들은 고객 확보가 한결 쉬워졌다.

새로운 잠재 고객을 찾고 싶은가?
누구나 그럴 것이다. 당신이 신경 쓰지 못한 수많은 잠재 고객이 있다. 현재의 고객이 잠재 고객이 될 수 있다!

현재의 고객은 당신에 대해 잘 알고 당신을 마음에 들어 한다. 그 고객과 연락해 신뢰와 믿음을 쌓아라. 현재의 고객은 지금까지 주문 금액을 꼬박꼬박 잘 지불했기 때문에 고객에 대한 신뢰도 높다. 뿐만 아니라 이 고객은 계속 주문을 넣어 줄 것이다. 하지만 나는 이것만으로는 충분하지 않다고 생각한다.

당신에게 가장 좋은 새로운 잠재 고객은 바로 현재의 고객이다!
현재의 고객은 더 많이 주문할 수도 있고, 관계가 좋으면 다른 구매자를 소개시켜 줄 수도 있다.

생각하라! 당신만의 특별한 점을 생각해 보라. 동일한 상품이나 서비스를 제공하는 경쟁 업체의 세일즈맨과 당신의 차이점은 무엇인가?
이 질문에 대답할 수 있는 가장 좋은 방법은 현재의 고객에게 왜 다른 사람이 아닌 당신을 선택했느냐고 물어보는 것이다. 그 이유를 알면 새로운 고객을 찾을 때 큰 도움이 된다. 현재의 고객이 당신과 거래하는 이유를 알게 되면, 자신감은 물론 새로운 고객과의 이야깃거리도 얻을 수 있다.

새로운 고객과 잠재 고객을 얻을 수 있는 당신만의 장점은 다음과 같다.

성실하다. 홀리데이인 Holiday Inn 의 창업자인 케몬스 윌슨 Kemmons Wilson 은 "하루에 12시간만 일하라. 오전이든 오후든 상관없다."라고 말했다.

확실한 품질을 보장한다. 경쟁사와는 비교할 수 없는 확실한 품질과 가치를 잠재 고객에게 제공하라.

책임감이 강하다. 고객이 예상한 기대를 넘어서려고 노력하라. 고객은 당신이 문제를 정확히 짚어 낸 다음 되도록 빨리 해결해 주기를 바란다.

거짓말을 하지 않는다. 정직한 사람이라는 평판을 쌓아라. 사실을 말한 뒤 당신에게 돌아올 두려운 일을 걱정하지 말라.

평판을 쌓는다. 계속해서 옳은 일을 하면 평판은 저절로 얻는다. 평판이 좋으면 현재의 고객과 계속 거래하기도 편해지고, 새로운 고객을 만드는 것도 한결 쉬워진다. 당신의 소문이 별로 좋지 않다면 어떻게든 잘 해소하도록 하라.

고객의 말을 경청한다. 당신 혼자서만 말하지 말고 고객의 말에 귀 기울여라. 고객의 말 속에 고객이 원하는 것과 비즈니스를 성사시키기 위해 당신이 해야 할 답이 들어 있다.

나는 고객에게 매주 내 상황을 알려 주고, 나도 고객의 상황을 확인한다. 나의 고객과 독자들은 매주 미국 전역에 배포되는 신문과 이메일 매거진 《세일즈 카페인》을 통해 나의 칼럼을 만날 수 있다. 내가 발행하는 이메일 매거진은 유익한 정보로 가득할 뿐 아니라 독자들은 내가 제공하는 책과 CD, 온라인 트레이닝, 공연 티켓 등 다양한 상품도 구입할 수 있다. 이 상품들의 판매는 최대한 조용히 진행되고, 내가 제공하는 세일즈 정보 또한 유용한 가치가 있다.

회사 내에서 당신의 지위가 어떻든 상관없이 주요 고객 목록을 쉽게 볼 수 있게 책상 위에 올려 두어라. 그 목록에 연락이 뜸했던 고객이 있다면 경쟁자가 하기 전에 당신이 먼저 전화를 걸어라.

일을 끝까지 완수한다. 당신이 무엇을 할 것인지 말하고, 그것을 실천으로 옮겨라. 일을 완수하면 당신의 평판도 쌓아질 것이다. 그러니 당장 행동으로 옮겨라!

@BAT 매일 10명의 고객에게 전화해서 왜 당신과 거래하는지 물어보라. 주문할 것인지 물어보고, 더 많은 사업을 함께 개척해 나가자고 요청하라. 지금 당장 책을 내려놓고 고객에게 전화를 걸어라!

■ LITTLE PLATINUM BOOK OF CHA-CHING!

원칙 11
인맥을 통해 세일즈를 늘려라

모든 직원이 모인 자리에서 자신만의 세일즈 비결과 그가 사용하는 논리를 설명해 보라고 하라. 이런 회의를 통해 성과를 크게 올릴 수 있다. - 존 패터슨

네트워킹은 비즈니스와 커리어를 성공으로 이끄는 힘이 된다. - 제프리 지토머 《인맥으로 승부하라 Little Black Book of Connections》 중에서

비즈니스의 확립과 세일즈 성사를 위해 네트워킹과 인맥 형성은 절대적으로 필요하다.

패터슨은 비즈니스맨의 상호관계를 형성한 선구자이다.

패터슨은 무역박람회, 전시회, 비즈니스 회의, 세미나 등 다양한 비즈니스 모임을 만들었다. 경쟁사가 있든 없든, 작은 모임이든 대통령이 참석한 큰 모임이든 어떤 환경에서도 세일즈를 창출해 냈다.

패터슨은 비즈니스가 간단하게 전화를 걸거나 사무적인 작업만으로 확립되는 것이 아니며, 때로 큰 계약이 개인적인 관계나 업무 외 시간에 체결된다는 사실을 알고 있었다. 이것은 오늘날도 마찬가지다.

이 책의 시리즈 1권 《인맥으로 승부하라》에서 언급한 인간관계를 기반으로 하는 네트워킹의 기본 원칙들을 다시금 살펴보도록 하자.

◆ 당신에게 가장 중요한 고객 또는 잠재 고객이 있는 곳으로 찾아가라.

◆ 먼저 가치를 제공해서 당신을 유용한 정보 제공자로 알려라.

◆ 파고들어라. 전념하지 않으려면 아예 손대지 말라.

◆ 꾸준히 하라. 일단 시작하면 최고의 자리에 올라갈 때까지 꾸준히 노력하라.

◆ 친해진 다음에 인맥을 만들어라.

◆ 서두르지 말라. 인맥은 하루 만에 완성되는 것이 아니다. 시간이 지나면서 값지게 자라는 것이 인맥이다.

사람들은 자신이 신뢰하는 사람과 비즈니스를 하려는 경향이 있다. 진실한 모습으로 오랜 동안 관계를 유지하면 비즈니스 확립은 물론 그 이상의 것을 얻을 수 있다.

 **@BAT** 당신에게 가장 중요한 고객과 잠재 고객이 자주 가는 장소를 적는다. 그런 다음 당신도 그곳으로 가라! 그들과 함께 식사도 하고 즐기면서 비즈니스를 하는 첫 단계를 자연스럽게 시작할 수 있다.

원칙 12
수요 창출이
구매를 이끈다

> 잠재 고객이 비즈니스를 이해하면 세일즈맨이 팔려고 하지 않아도 산다. – 존 패터슨

> 사람들은 스스로 구매하려고 하지 떠밀려서 강매당하는 것은 싫어한다. – 제프리 지토머

당신에게 먼저 전화를 걸어 상품이나 서비스를 구매하겠다고 말하는 고객이 몇 명이나 되는가? 아마 10명 미만일 것이다. 그렇다면 수요를 창출하기 위해 당신은 어떤 일을 하고 있는가? 항상 준비가 되어 있어야 한다.

존 패터슨의 목표는 금전등록기를 판매하는 것이 아니라 영수증의 수요를 만드는 것이었다. 패터슨은 어떤 순간, 어떤 광고에서든 '영수증을 꼭 챙기세요!'라는 문구를 제시함으로써 사람들이 영수증을 받아 가게 만들었다. 이 메시지는 금전등록기를 사용하지 않는 상인들에게도 전달되어 금전등록기를 구입하고 싶다는 욕구를 일으켰다.

욕구는 수요로 이어진다.

    영수증을 챙기세요!
    영수증에는 당신이 구입한 제품의 금액이 적혀 있습니다.

패터슨은 각 등록기의 상단에 위와 같은 홍보 문구를 부착했다. 처음에는 '영수증을 챙기세요!', 그다음에는 '구입 금액을 확인하세요!'로 바뀌었다. 소비자들은 금전등록기에 표시되는 금액과 영수증의 금액을 자연스럽게 확인하게 되었다.

NCR의 금전등록기가 있는 상점에 온 고객이라면 누구나 홍보 문구를 보았다. 사람들이 그 문구를 더 많이 볼수록 패터슨의 사업도 성장했다.

고객이 당신에게 주문할 때 어떤 메시지를 보내는가?
당신의 사업, 당신의 세일즈를 성장시키고 싶다면 다음 사항이 반드시 필요하다.

1. 욕구 혹은 욕망을 이끌어 내는 것
2. 필요 혹은 수요를 창출하는 것
3. 필요를 알아차리고 수요를 충족시켜 주는 것

단순히 상품만 판매하려고 하지 마라. 고객이 당신과 거래하면서 얻을 수 있는 가치(이익 혹은 부록이 아니다) 다섯 가지를 적어 보자. 잘 모르겠다면 당신의 주요 고객 다섯 군데에 전화를 걸어 물어보라. 100퍼센트 정확한 답을 얻을 수 있을 것이다.

생각하라! 고객이 상품을 구매하는 이유가 무엇인지 생각해 보라. 필요 때문인가, 욕구 때문인가? 패터슨은 구매가 감정적으로 이뤄진다는 사실을 최초로 이해한 사람이다. 구매를 정당화하려면 욕구와 논리를 촉발시키는 감정의 방아쇠를 당겨 주어야 한다.

수요는 욕구에서 창출되고, 욕구는 가치와 이익을 깨달음으로써 생긴다.

크리스마스가 다가오면 장난감 가게마다 손님들로 분주한 모습을 볼 수 있다. 그러나 소비자들은 원하는 장난감을 사지 못하는 경우가 많다. 원하는 것을 사려면 발이 빨라야 한다. 이런 것이 수요다. 당신의 사업에도 똑같이 적용하면 삶이 지금보다 훨씬 편해질 것이다.

**@BAT** 당신의 고객 혹은 조언자와 함께 브레인스토밍brainstorming 또는 아이디어 회의를 하라. 사람들이 당신의 상품이나 서비스를 계속 이용하는 이유를 적어 보라. 당신의 상품을 구매하는 이유가 10개 이상 되면, 고객과 자연스러운 회의 자리를 마련해 고객의 구매 사유 10개 정도를 물어보라.

회의를 할 때 고객이 자신의 의견을 말하기 전에 당신의 초기 목록을 미리 공개하지 말라. 고객의 의견과 당신의 목록을 비교해 본 다음에 회의를 시작한다. 이렇듯 회의를 하면서 대화를 해 보면 새로운 아이디어를 얻는 것은 물론 새로운 비즈니스로 이어질 수 있다.

회의에 참여한 고객을 잘 대접하고 앞으로도 아이디어 회의에 자주 도움을 달라고 요청한다.

원칙 13

충분한 준비로
고객 중심을 실천하라

무기를 준비한 뒤에 공격하라. – 존 패터슨

말 더듬기, 변명, 사과는 세일즈맨의 신뢰를 무너뜨린다. – 제프리 지토머

당신의 상품을 구매하거나 서비스를 이용하는 고객들은 당신의 상품과 서비스가 자신에게 꼭 필요하고, 자신의 욕구에 적합하다고 느끼기를 원한다. 당신이 할 일은 고객의 욕구와 필요에 맞는 메시지를 보내는 것이다.

이런 일이 쉬울 것처럼 보이지만, 대부분의 세일즈맨은 세일즈 프레젠테이션이나 세일즈 시연에서 자기 능력의 절반 정도만 준비한다. 자신의 상품에 대해 많은 것을 알고 있지만 잠재 고객에게 어떤 혜택을 주는지,

상품을 바로 구매해서 사용하면 어떤 이익이 있는지 설명할 수 있을 만큼 알지는 못한다. 이는 단순히 '준비 부족'이 아니라, '올바른 준비 부족'에서 비롯되는 것이다.

멋진 프레젠테이션을 하려면 고객 입장에서 필요를 제시하고, 고객의 필요성을 이해해야 하며, 경쟁자와 구별되는 특별함이 있어야 한다.

잠재 고객이 프레젠테이션을 듣고 당신의 상품이나 경쟁자의 상품이 별 차이가 없다고 생각할 때 구매를 결정하는 것은 가격이다.
하지만 당신의 프레젠테이션이 고객의 입장을 고려했다면 가치 측면에서 당신의 프레젠테이션이 경쟁자를 이긴 것이다. 따라서 세일즈를 성사시킬 가능성이 높다.

차별화는 경쟁자가 묻거나 말하지 못하는 것을 당신이 묻고 대답하면서 만들 수 있다. 고객은 차별화된 상품이나 서비스를 구입하면 자신이 만족할 만한 선택을 했다고 생각한다. 차별화는 유머 감각을 더해 주고, 당신의 프레젠테이션에 창의성을 더해 준다. 차별화는 조금 더 친근하게 다가설 수 있게 하고, 고객이 당신의 상품이나 서비스를 이용하면 어떤 점이 좋은지 쉽게 이해할 수 있게 도와준다.
고객 중심과 차별화를 결합하면 세일즈 성사라는 공식이 탄생되는 것이다.

세일즈 능력이 부족해서 실패하는 것이 아니라, 준비가 부족해서 실패한다는 것을 알아야 한다. 준비만 잘하면 결과는 예측할 수 있다!

생각하라! 간단한 세일즈에 10분이나 사용한다고 그만한 가치가 없는 것이 아니다. 보이스카우트에서는 '준비하고 연습하지 않으면 공훈 배지를 받을 수 없다'고 가르친다.

당신은 어떻게 프레젠테이션 준비를 하는가?

원칙 14
고객 입장에서
관심을 이끌어 내라

고객이 당신의 전화를 받을 때 항상 기쁜 마음이 들게 하라. – 존 패터슨

고객이 상품을 사용해서 이득을 얻고 이윤을 창출하는 방법을 모른다면, 상품 사용법을 잘 알아도 쓸모없다. – 제프리 지토머

잠재 고객의 관심을 이끌어 내기 위해 회사는 강렬한 홍보 문구를 제시해야 하고, 세일즈맨도 흥미를 끌 수 있어야 한다.
잠재 고객의 관심을 끄는 가장 좋은 방법은 수익성과 생산성을 올리는 방법이나 전략을 공유하는 것이다. 다른 고객이 그 상품을 써서 어떻게 수익을 얻었는지 이야기해 주는 것이다.

100여 년 전에는 금전등록기가 필요하다고 생각하는 사람이 그리 많지 않았다. NCR의 세일즈맨들은 금전등록기 판매 세일즈를 하기 전에 상점 주인의 관심을 끄는 방법부터 찾아야 했다.

패터슨은 상점 주인의 관심을 끄는 다섯 가지 단계를 굳건히 믿었다.

1단계 간접적인 방법으로 고객의 관심을 끈다.
2단계 고객에게 전화를 건다.
3단계 필수 정보를 체크하고 상점 체계를 연구한다.
4단계 고객의 현재 약점을 알게 도와준다.
5단계 확실한 약속을 한다.

내 경험에 비춰 볼 때, 상품에 대해 알고 싶은 고객은 먼저 문의를 해 온다. 당신의 메시지를 의미 있는 것으로 만들려면 잠재 고객에 대한 정보를 수집해야 한다.

고객의 관심을 끌면 고객은 당신에게도 관심을 갖는다.

당신과 잠재 고객이 만날 때 잠재 고객은 얼마나 이야기를 하는가? 고객이 이야기를 하는 비율만큼 세일즈 성과를 올릴 수 있다. 잠재 고객이 20퍼센트 정도 이야기를 한다면 세일즈를 성사시킬 수 있는 확률은 20퍼센트이다.

당신은 이익 창출을 위한 아이디어를 얼마나 갖고 있는가? 아이디어가 풍부할수록 세일즈 성사 기회도 많아진다.

당신이 아닌 '고객' 중심으로 이야기하라. 고객의 관심을 바란다고 말하지 말고, 잠재 고객의 관심에 대해 이야기하라.

잠재 고객에 대해 많이 알수록 그들에게 구매를 독려하기도 쉬워진다. 잠재 고객에 대한 지식, 그들의 돈을 절약하고 이윤을 얻는 방법이 아니라 상품을 사용함으로써 얻을 수 있는 이득에 대한 지식이 있으면 당신에게 구매할 확률은 훨씬 높아진다.

 **@BAT** 당신이 세일즈 프레젠테이션을 하는 모습을 동영상으로 촬영해 보자. '우리'라는 말을 얼마나 자주 썼는가? '우리 회사는', '이 상품은' 하면서 구구절절 늘어놓아 잠재 고객을 지루하게 만들어서는 안 된다.

잠재 고객의 필요성과 관심사에 대해서는 몇 번이나 이야기했는지 세어보라. 잠재 고객과의 소통이 이루어졌는지도 점검해 본다. 정성을 다해 잠재 고객의 필요와 관심사를 받아 적고, 당신의 프레젠테이션 방법을 바꿔라.

■■■ 당신의 성공을 이루는 명언

당신에 대한 정보만 잔뜩 늘어놓으면
사람들은 당신을 '세일즈맨'으로 여길 것이다.
아이디어와 질문에 대한 대답을 계속하면
사람들은 당신을 '유능한 세일즈맨'으로 생각할 것이다.
당신은 어느 쪽에 해당하는가?

-제프리 지토머

■ LITTLE PLATINUM BOOK OF CHA-CHING!

원칙 15
핵심 질문으로
고객을 리드하라

질문은 좋은 결과로 이끄는 생각의 출발점이다. – 존 패터슨

질문은 사고 과정과 계약 체결의 핵심 과정이다. – 제프리 지토머

1888년에 셜록 홈즈Sherlock Holmes는 다음과 같이 말했다.

"데이터를 모으지도 않고 이론을 내세우는 것은 중대한 범죄다."

사실 이 말은 작가 코난 도일Sir Arthur Conan Doyle이 홈즈의 이름을 내세워 말한 것이다.

질문은 함께 목표를 이루려고 하는 사람들에게 대화를 이끌어 내게 한다. 무엇보다 질문은 주장이나 명령보다 조화를 이룰 수 있게 한다. 최종적인(독선적인) 주장을 펼치기 전에 상대방의 경험을 얻기 위해 질문을 한다면 대부분의 말다툼을 피할 수 있다.

질문은 비즈니스에서 특히 더 중요하다. 직책에 상관없이 대부분의 사람들은 자신의 업무를 잘 해내려고 답을 찾기 때문이다. 리더로서 혹은 동료로서 자신의 주장을 펼치기 전에 동료가 무슨 생각을 하며 어떤 일을 하고 있는지 알아야 한다.

올바른 질문(힐난조가 아닌)은 정보와 동의를 이끌어 낸다.
세일즈를 할 때 올바른 질문을 준비하면 잠재 고객에게 당신의 상품을 구매한 것이 옳은 선택이라는 믿음을 줄 수 있다. 또한 올바른 질문은 다른 사람의 존경을 이끌어 내고, 잠재 고객으로부터 이익을 실현할 수 있다.

다른 사람의 생각을 알고 싶고, 행동하게 만들고, 반응하기를 바라고, 구매하게 하려면, 올바른 질문을 해야 한다.

올바른 질문을 하는 비결은 상대방에게서 '그런 질문은 처음 듣네요!'라는 말을 이끌어 내거나 그런 생각을 갖게 하는 것이다.

NCR의 직원들이 세일즈 교육에서 배우는 질문은 잠재 고객이 그들의 비즈니스와 재정에 대해 생각하게 만드는 것이었다.
"어제 돈이 얼마나 입금되었는지 아십니까?", "어제 얼마나 많은 돈이 나갔는지 아십니까?", "직원이 고객에게 돈을 받을 때 100퍼센트 정확하게 받고, 100퍼센트 정직하게 간수한다고 생각하십니까?" 등의 질문이 있겠다.

이런 질문은 금전등록기의 가치와 수요를 만들어 내고, 고객에게 금전등록기를 산 것이 가치 있는 일이라고 인식하게 해 준다. 상품에 대해 한마디 언급도 하지 않았는데 말이다. 찰캉!

패터슨은 금전등록기를 판매하면서 세일즈맨의 질문이 수요 창출에 도움을 주고, 잠재 고객이 상품의 가치를 알 수 있게 한다고 믿었다. 또한 질문을 통해 잠재 고객의 니즈needs와 비즈니스의 핵심 정보를 얻을 수 있기 때문에 세일즈 성사에 많은 도움을 준다고 생각했다.

당신은 핵심을 찌르는 강력한 질문을 갖고 있는가?

강력한 질문 목록을 만든다. 잠재 고객의 핵심을 찌르는 강력한 질문 25개를 생각해 보라. 질문에 대해 연구하고, 적용해 보고, 수정하고, 언제라도 활용할 수 있게 준비한다.

핵심을 찌르는 질문을 만들기 위한 8개의 전략

1. (잠재) 고객이 새로운 정보를 평가할 수 있는 질문을 한다.

2. (잠재) 고객의 니즈에 적합한 질문을 한다.

3. 향상된 생산성과 이익에 관해서 질문한다.

4. 회사 또는 개인의 목표에 대해 질문한다.

5. 경쟁자와는 비교할 수 없는 차별화된 질문을 한다.

6. (잠재) 고객이 대답하기 전에 잠시 생각해 볼 수 있는 질문을 한다.

7. 판매가 아니라 자연스러운 구매 분위기를 만드는 질문을 한다.

8. 핵심적인 성공 전략은 당신의 경청 실력을 강화하기 위해 (잠재) 고객의 대답을 메모하는 것이다. 메모를 하면 당신이 (잠재) 고객의 대답에 신경을 쓰고 있으며, 다음 질문에 대한 자료를 확보하고, (잠재) 고객을 중요하게 생각한다는 사실을 보여 줄 수 있다.

@BAT 잘못된 질문을 하면 잘못된 대답을 듣는다. 목표는 잠재 고객으로부터 '그런 질문은 처음 받아 보는군요!'라는 말을 이끌어 내는 것이다.

원칙 16
경청이
이해를 이끌어 낸다

단순히 이야기하려고 대화하지 말라. 대화란 이해하기 위해 듣는 것이다. – 존 패터슨

경청은 커뮤니케이션 과정의 가장 중요한 요소이며, 비즈니스맨과 세일즈맨이 가장 어려워하는 요소이기도 하다. – 제프리 지토머

경청, 즉 귀 기울여 듣는 것에는 두 가지가 있다. 하나는 대답하기 위한 경청이고, 다른 하나는 이해하기 위한 경청이다. 대답하기 위해 듣는 경우, 상대방이 말할 때 끼어드는 일이 자주 발생한다.

원칙 16은 두 가지의 경청을 모두 사용하는 데 중점을 둔다. 먼저 이해하고, 그다음에 답하는 것이다.

경청 기술과 판매 기술을 높여 주는 나만의 비결을 소개한다면 '입 다물고 받아 적어라.'이다. 메모를 하면 좀 더 정확하게 들을 수 있고, 당신의 동료나 고객은 당신이 자신의 말을 소중하게 생각한다고 느낀다.

대화를 할 때 주로 이야기하는 편인가 듣는 편인가? 대화 중에는 최대한 입을 다물고, 상대방의 말을 받아 적도록 하라.

 회의가 끝났을 때 옆에 앉아 있던 사람과 자신의 기억이 달랐던 적이 있을 것이다. 당신이 집중하지 않았기 때문이다. 받아 적지 않았기 때문에 집중력이 흐트러지는 경우가 많다.

상대방이 말을 마치기도 전에 그 말에 끼어든 적도 있을 것이다. 인간의 본성이기 때문이다. 앞으로는 상대방의 말을 듣는 것에 집중하라.
실수 없이 긍정적인 커뮤니케이션을 하는 방법을 소개한다.

1. 집중하여 경청한다.
2. 상대방과 눈을 맞춘다.
3. 대화 내용을 받아 적는다.
4. 들은 말을 되뇌어 보거나 관련된 질문을 한다.
5. 당신이 제대로 이해했는지 확인한다.
6. 약속한 것은 이행한다.

 **@BAT** 상대방의 말을 경청하고, 그 말이 끝난 다음에 질문하는 것이 훨씬 효과적이다. 자신의 주장을 펼치려면 상대방의 말에 끼어들어야 할 확률이 높다. 하지만 상대방이 말을 다 끝낸 다음에 하는 질문이 더 효과적이라는 것을 잊지 말라.

■ LITTLE PLATINUM BOOK OF CHA-CHING!

원칙 17

판매 관련 대화가 적을수록 구매 관련 대화는 길어진다

혼자 말하지 말고 상대에게 말할 기회를 주어라. – 존 패터슨

귀 기울여 들으면 더 많이 팔 수 있다. – 제프리 지토머

대화를 나눌 때 당신이 말하는 시간보다 상대방이 말하는 시간이 더 많아야 한다. 대부분의 세일즈맨들은 잠재 고객의 말을 듣기보다는 제품이나 서비스 판매와 관련된 이야기를 더 많이 하는 실수를 범한다.
세일즈맨은 잠재 고객이 말할 수 있는 기회를 더 많이 주어야 할 의무가 있다. '강력한 질문'과 '경청'으로 이 의무를 다할 수 있다. 질문이 강력할수록 '잠재 고객'은 '고객'이 될 가능성이 커진다.
세일즈맨은 판매 실적을 올리기 위해 '판매'해야 한다고 생각하고, 사실

대로 말하면 세일즈에 실패할지도 모른다고 생각한다. 하지만 고객에게 더 많은 발언 기회를 주면, 고객 스스로 목적을 발견하고 "살게요."라고 말할 확률이 높아진다. 고객 스스로 판매에 동조하게 되는 것이다.

질문과 경청은 동시에 이루어진다. 당신은 경청 실력이 좋지 않아서 세일즈 실적을 올리지 못하는가? 상대방의 말을 어떻게 듣는가? 어떤 상황에서 말을 아껴야 하는지 아는가? 고객에게 말할 기회를 주면 고객에 관해 더 많은 것을 알 수 있다.

제대로 경청하지 못하는 사람에게는 다음과 같은 두 가지 증상이 있다.

◆ 어떤 질문이든 가리지 않고 대답하려고 한다.
◆ 말하는 중에 끼어든다.

@BAT 고객의 구매 사유에 관해 질문한다. 고객의 경험을 묻고 고객의 대답을 경청하라. 왜 지금 구매하는지, 제품 구매 후 어떤 이익을 바라는지 물어본다. 고객이 더 많이 이야기할 수 있게 집중해서 고객의 말을 경청한다.

이 방법은 잠재 고객의 모든 이야기를 듣고, 고객의 상황을 최대한 이해할 수 있게 도와준다.

원칙 18
메시지가 강력해야
고객이 제품의 필요성을 느낀다

> 첫째는 당신이 말하는 내용으로, 둘째는 당신이 말하는 방법으로 사람들의 관심을 끌라. – 《NCR 세일즈맨 교본 Manual for NCR Salesmen》

> 커뮤니케이션의 비결은 지적이고 감성적이며 친근한 관계 만들기에 달려 있다.
> – 제프리 지토머

커뮤니케이션의 비결은 다른 사람이나 청자와의 관계가 얼마나 좋으냐에 달려 있다. 프레젠테이션 내용, 질문, 아이디어, 커뮤니케이션 및 프레젠테이션 능력, 긍정적인 태도, 그리고 열정은 지적인 관계를 만드는 핵심 요소이다.
'말하는 내용이 아니라, 말하는 방법이 중요하다.'라는 속담이 있지만 비즈니스에서는 내용과 방법이 모두 중요하다. 훌륭한 프레젠테이션을 하려면 '말하는 내용'과 '말하는 방법'을 결합해야 한다.

아래에 소개하는 내용은 '말하는 방법'을 집중적으로 다룬 것이다. 아무리 훌륭한 프레젠테이션이라도 열정과 진정성, 그리고 신념이 없다면 세일즈를 성사시킬 수 없다. 프레젠테이션을 시작하기 전에 다음의 여섯 가지 요소에 따라 세일즈의 성패가 갈린다.

1. **공감** : 자신이 잠재 고객과 같은 입장에 있다고 생각하고 공통점을 찾는 것
2. **요구** : 잠재 고객이 구매 의사를 갖고 경청할 수 있도록 동기부여 요소에 영향을 미침으로써 구매를 결정하게 하는 것
3. **중요성** : 제품·특징·이익·가격·시간 등에 잠재 고객의 관심을 끌게 하는 것
4. **신뢰** : 의구심을 없애고 신뢰를 얻는 능력. 구매 위험보다 구매 혜택이 많다는 생각이 들게 안심시키는 능력
5. **가치 전환** : 잠재 고객이 당신의 제품이나 서비스를 구매해서 최고의 가치를 얻을 수 있다고 인식하게 만드는 능력. 또한 고객이 상품이나 서비스를 구매해야 하는 중요한 사람이라는 인식을 갖게 하는 능력
6. **열정** : 실행으로 옮기게끔 신념과 열정적인 태도로 메시지를 전하는 당신의 열정

핵심을 찌르는 강력한 질문을 통해 이 모든 요소를 얻을 수 있다. 괜찮은 세일즈맨과 훌륭한 세일즈맨은 메시지를 전달하고 이행하는 방법에서 차이가 난다.

당신의 비즈니스도 마찬가지다. 고객에게 제품의 필요성을 확실히 심어주고, 제품에 대한 믿음과 가치를 주며, 열정적으로 메시지를 전달하는 능력이 세일즈의 성공과 실패, 이해와 혼동, 수락과 거부를 가르는 기준이 된다.

당신의 신용 정도, 납품 능력, 회사 내 사기 증진 능력 등은 커뮤니케이션을 통해 얻을 수 있다. 세일즈 과정을 진행하면서 열정과 가치를 갖고 잠재 고객과 관계를 맺었다면 구매 분위기를 이끌어 낼 수 있다. 만남 이후에도 이러한 관계가 지속된다면 잠재 고객은 당신의 상품을 기꺼이 구매할 것이다.

사람들은 구매를 강요하고 설득시키기 위해 세일즈 기술을 사용한다고 생각하지 세일즈를 성사시키는 화술, 커뮤니케이션 능력인 프레젠테이션 기술에 대해서는 언급(혹은 저술)하지 않는다.

프레젠테이션 중에는 뛰어난 화술이 필요하다. 좋은 첫인상을 남기기 위해 프레젠테이션 초반에 화술 능력을 발휘하고 관심을 끄는 어조를 사용하는 것이 중요하다.

세일즈에서 가장 어려운 부분이 고객과 진정한 관계를 형성하는 것이다. 왜 어렵냐 하면 대부분의 세일즈맨들이 상대방과 관계를 형성할 준비가 되어 있지 않기 때문이다.

당신은 세일즈를 할 준비가 되어 있는가? 세일즈 준비란 단순히 판매 제품과 당신 자신에 대해 말할 준비를 뜻하는 것이 아니다. 고객에 대한 정보를 꿰뚫고 있어서 고객이 상품을 구매한 후 어떤 효과를 기대할 수 있는지 말할 수 없다면, 고객과 관계를 형성하기에는 아직 부족하다.

같은 회사에 근무하고 같은 제품을 판매한다고 해도 세일즈맨이 프레젠테이션을 하는 방식은 각양각색이다. 종이 클립을 판매한다고 해도 프레젠테이션이 어려울 수 있고, 대형 트럭을 판매한다고 해도 프레젠테이션이 섬세하고 감각적일 수 있다.

각각의 세일즈 방식은 달라도 프레젠테이션의 내용과 과정은 같을 수밖에 없다. 내용과 과정을 확실히 익힌 다음에 당신만의 방식을 적용해야 한다. 당신이 말하는 내용(요소)과 당신이 말하는 방식(당신의 스타일)이 결합되어 프레젠테이션이 만들어진다.

 **@BAT TV 시청 대신 세일즈 향상을 위해 준비하라.** 매주 이틀 정도 TV 시청 대신 강력한 질문을 준비하라. 잠재 고객과 관계를 맺고, 고객의 반응을 이끌어 낼 수 있는 소중한 정보를 모아 세일즈를 성사시킬 수 있는 다양한 질문을 준비한다. TV 시청보다 질문을 준비하는 것이 통장 잔고를 늘리는 데 훨씬 유익하다.

FREE GITBIT

효과적인 세일즈 프레젠테이션 방법으로 세일즈 실적을 올리고 싶다면, www.gitomer.com에 접속해서 회원 등록을 한 다음 GitBit 박스에 'WIN THE SALE' 이라고 치세요.

원칙 19
거부 의사는
세일즈 성사로 이어지는 문이다

거부 의사가 세일즈맨에게 큰 이득이 되는 경우가 많다. 거부 의사를 구매 사유로 만들어라. – 존 패터슨

고객이 거부 의사를 제시할 때 세일즈 과정은 시작된다. – 제프리 지토머

세일즈나 비즈니스를 하면서 혹은 살아오면서 '거부 의사'는 곧 '장벽'이라는 말을 들었을 것이다. 이번 장을 통해 거부 의사의 실체를 접하고, 그에 대한 이해를 높일 수 있을 것이라 생각한다. 장벽을 낮추거나 없애면 승리는 당신의 것이다!

대부분의 사람들은 세일즈의 가장 높은 장벽을 '돈'이라고 생각하지만 실제로는 그렇지 않다. 사업, 그리고 인생에서도 마찬가지일 테지만 세일즈 최고의 장벽은 '위험'이다. 좀 더 정확히 말하면 '암묵적인 위험'이다. 실제 위험이든 예상된 위험이든 위험도가 높으면 긍정적인 행동을 취할 수 없다.

세일즈의 역사가 시작되면서 거부 의사도 발생했다. 《NCR 세일즈맨을 위한 세일즈 교본 Selling Helps for NCR Salesmen》에는 NCR의 세일즈맨들이 맞닥뜨릴 만한 모든 거부 의사와 관련 대답을 준비해 놓았다. 패터슨은 거부 의사를 세일즈 증진의 발판이라고 생각했고, 결과적으로 그의 생각이 옳았다. 구매자가 가격이나 품질, 서비스 등에 이의를 제기할 때마다 세일즈맨들이 나서서 제품의 가치를 알려 주고 사용법도 알려 주었다. 이렇게 함으로써 구매자에게 신뢰를 심어 줄 수 있었다.

NCR의 세일즈맨들은 고객의 거부 의사에 항상 준비되어 있고, 구매자의 의구심에 대처하는 방법을 알고 있다. 그렇기 때문에 120년이 지난 지금에도 NCR은 건재하고 있다. 하지만 거부 의사에 대비하지 못하고 장벽을 낮추지 못하는 세일즈맨은 결국 실패할 수밖에 없다.

거부 의사나 반대 의견, 혹은 장벽은 제품에 대해 더 확실히 알고 싶다는 고객의 관심과 요구를 드러내는 것이므로, 고객의 의구심을 없앨 수 있는 증거를 제시하고, 그 증거에 맞게 열정적으로 행동해야 한다.

고객의 거부 의사와 장벽을 기대하라. 거부 의사는 관심을 갖고 있다는 증거이며 세일즈로 들어가는 관문이다. 다른 사람이 거부 의사를 제시하기 전에 프레젠테이션에서 스스로 거부 의사에 대처할 수 있다면, 세일즈 기회는 더 많아진다.

비즈니스 장벽 또한 세일즈 장벽과 같다. 이 장벽은 위험과 걱정으로 만들어진 것이다. 장벽은 직원, 거래처, 은행, 변호사, 제3자 등 누구에 의해서든 만들어질 수 있다. 거부 의사에 올바르게 답해 장벽을 없애거나 낮춰야 앞으로 나아갈 수 있다.

거부 의사와 장벽을 성공을 이루는 도전 과제라고 생각하라. 낮은 장벽은 올바른 대답을 통해 없앨 수 있다. 걱정 대신 고객에게 대응하는 데 시간이 걸린다고 말하라. 대답이 명확할수록 어려운 순간은 빨리 지나간다.

세일즈 장벽(거부 의사)을 인지하고 이겨 내는 여섯 가지 단계를 소개한다.

1. 거부 의사를 경청하고 사실 여부를 판단한다.
2. 거부 의사를 하나로 한정 짓는다.
3. 여러 방식으로 거부 의사를 재확인한다.
4. 문제를 해결할 수 있게 거부 의사를 제한한다.

5. 문제를 확실하게 해결하고, 고객이 해결 사실을 확인할 수 있게 한다.

6. 마무리 질문을 하고 세일즈가 이루어졌다는 가정 아래 잠재 고객과 커뮤니케이션한다.

@BAT 당신의 세일즈 과정에서 나타나는 주요 장벽 10가지를 적어 보자. 잠재 고객이 거부 의사를 제시하기 전에 대응할 수 있는 대답을 준비한다. 프레젠테이션 중에 발생한 장벽을 낮추거나 거부 의사에 대응할 수 있는 방법도 마련한다. 거부 의사가 있을 거라고 예상하면서 대응 방법을 준비하지 않는 것은 큰 잘못이다.

FREE GITBIT

당신 스스로 만들어 낸 여덟 가지 장벽이 궁금하다면 www.gitomer.com에 접속해서 회원 등록을 한 다음 GitBit 박스에 'BARRIER' 라고 치세요.

■ LITTLE PLATINUM BOOK OF CHA-CHING!

원칙 20
세일즈는 조종이 아니라 조화이다

세일즈맨으로 성공하고 싶다면 모든 사람에 대해서 모든 사항을 알아야 한다. – 존 패터슨

제품뿐만 아니라 제품이 고객에게 어떻게 사용되는지도 알아야 한다. 그래야 기대에 부응하고 가장 효과적으로 판매해 비즈니스를 성장시킬 수 있다. – 제프리 지토머

여러 사람이 모이면 사람의 유형도 여러 가지이다. 주변에 활기를 불어넣는 사람, 붙임성이 좋은 사람, 창의적인 사람 등이 있고, 이러한 사람들과 소통하기 위한 대화법, 행동들도 배웠을 것이다.

데일 카네기 Dale Carnegie 는 《인간관계론 How to Win Friends & Influence People》에서 조화에

관해 설명하며 "자기 자신이 되어라."라고 말했다.

이 책을 읽으면 내가 말하는 세일즈의 모든 과정이 비즈니스에도 적용될 수 있다는 사실을 알게 될 것이다. 세일즈 과정은 설득 방법과 더 많은 관련이 있다.

세일즈란 다른 사람의 마음을 읽는 것이다. 사람들은 자신의 필요 혹은 취향에 따라 제품을 구매하고자 하는 각각의 동기를 갖고 있다. 그렇기 때문에 세일즈맨이 매번 똑같은 프레젠테이션을 해서는 안 된다. 잠재 고객을 세일즈맨의 기준과 취향(세일즈맨의 행동과 말투에서 드러난다)에 맞추려 하지 말고, 고객의 요구와 취향에 맞는 프레젠테이션을 준비해야 한다.

패터슨은 회사의 기준과 취향이 아닌 고객의 취향에 맞추어 금전등록기의 제품 모델을 바꾸었다. 이러한 혁신을 통해 '고객 맞춤' 제품을 만들었다.

나는 기존의 정형화된 세일즈 방식에 반대한다. 이 체계는 정형화된 세일즈 방식을 세일즈맨에게 가르치고, 세일즈맨은 자신이 배운 방식만을 사용한다. 그러나 잠재 고객은 정형화된 방법으로 구매하는 것을 원치 않을 수 있다. 이것이 문제다.

세일즈 방법을 아는 것보다 소비자들이 그 제품을 끊임없이 구매하는 이유를 아는 것이 훨씬 중요하다. 가장 과학적인 세일즈 기술은 고객의 요구와 욕구, 구매 동기를 이해하는 것이다. 그렇다면 구매 동기는 어떻게 알아내는가? 질문을 통해 알아낼 수 있다.

조화는 고객의 상황을 이해하고, 분위기를 감지하며, 조화를 이루기 위해 자신만의 기술 또는 대인 관계 기술을 사용하는 것이다.
세일즈맨으로서 당신의 역할은 잠재 고객의 특성을 파악하고, 구매 사유와 특성을 결합해 잠재 고객이 행동으로 옮길 수 있게 동기를 부여하고 신뢰를 주어 구매로 이끄는 것이다.

생각하라! 음악의 조화를 생각해 보자. 조화를 이루려면 당신의 음을 다른 사람의 음에 맞춰야 한다.

세일즈나 비즈니스도 음악과 마찬가지로 동료 혹은 고객과 조화를 이루어야 한다. 혼자서 고음을 내면 음정을 맞출 수 없다.

어떤 환경에서도 통하는 몇 가지 지침을 소개한다.

1. 언쟁하지 말라.
2. 화를 돋우지 말라.
3. 당신이 졌다는 식으로 생각하거나 행동하지 말라.
4. 어떻게든 친구로 만들어라.

5. 같은 편이 되어 조화를 이루어라.

6. 당신이 한 말을 다 기억할 필요는 없다. 받아 적고 거짓말만 하지 말라.

 **@BAT** 최근에 갈등을 빚었던 다섯 가지 사례를 생각해 보고 종이에 적어 보자. 어떻게 하면 그 갈등을 피할 수 있었는지도 적어 본다. 다음에 같은 갈등이 생기면 적어 두었던 당신만의 해결책을 사용한다.

원칙 21
구매 동의로 세일즈 마무리, 영수증 발행으로 세일즈 확정

잠재 고객이 구매를 확정하면 세일즈는 종결된다. – 존 패터슨

세일즈를 완료하라! – 제프리 지토머

대부분의 세일즈맨은 잠재 고객의 구매 확정 답변을 듣지도 않은 상태에서 세일즈를 종결시키려고 한다. 제품을 구매하려는 잠재 고객은 구매 요청에 대해 별다른 이의를 제기하지 않는다. 세일즈맨은 판매 주기selling cycle를 보면서 구매 신호를 발견하고 구매 요청을 해 판매를 이끌어 낸다. 나는 이 원칙을 '한 번의 수락이 또 다른 수락을 이끄는 원칙'이라고 부른다.

패터슨의 말을 정정해 보자. 세일즈 '종결closing'이 아니라 세일즈 '완료

complete'다. 두 단어가 비슷하게 보여도 엄연한 차이가 있다. 종결은 밀어붙여 얻는 것이고, 완료는 자연스럽게 판매 절차의 마지막 단계를 맞이하는 것이다.

세일즈를 어떻게 완료해야 할까? 판매 주기를 앞당기려면 어떻게 해야 할까? 답은 구매를 요청하는 것이다!

세일즈맨들은 세일즈를 완료하기 위해 회의를 진행하고, 프레젠테이션을 하고, 또 고객에게 전화를 건다.

당신은 세일즈맨이고, 잠재 고객은 당신의 구매 요청을 기다리고 있다는 것을 기억하라! 잠재 고객의 기대를 저버리지 말라.

아래에 여섯 가지 완료 전략을 소개한다.

1. **잠재 고객의 사업 성공을 도와라.** 이 전략은 잠재 고객에게 물품을 제공하는 거래처 또는 잠재 고객의 친구가 질 좋은 상품이나 서비스를 제공하지 않을 때 효과적이다.

2. **당신은 당신이 일하는 분야의 전문가이다.** 고객은 자신이 잘하는 일을 할 때 안정감을 느끼고, 구매로 인해 자신의 일이 잘 될 것이라고 생각한다. 고객에게 가장 도움이 되는 방법을 알려 주고, 당신이 제공하는 서비스가 그들의 성공을 돕는다는 사실을 알게 해 안정감을 느끼게 하라.

3. **당신의 제품을 사용하기로 결정한 후에 고객이 이루고자 하는 목적의**

리스트를 작성하라. 세일즈가 완료된 후 고객이 제품 혹은 서비스를 사용함으로써 어떤 이득이 생기는지 고객이 예상할 수 있게 해야 한다.

4. **고객의 소리에 귀를 기울여라.** 당신 생각을 말하지 말고, 고객이 자신의 생각을 말하게 하라.

5. **고객이 자신의 목표를 위해 실천해야 할 일을 도우라.** 이 전략은 세일즈 프레젠테이션보다 대화나 행동을 통해 이뤄져야 고객이 진정성을 느낄 수 있다.

6. **세일즈 완료 전에 세일즈 완료 후의 계획을 세워라.** 아직 세일즈가 완료되지 않았더라도 계획을 세워라. 세일즈 후의 제품 설치 시간과 약속 시간을 잡아라. 세일즈를 대화의 자연스런 한 부분으로 생각하라.

 **@BAT 최근에 성사시킨 다섯 가지 세일즈를 되돌아보는 것부터 시작하자.** 어떻게 세일즈가 발생했고 어떻게 세일즈를 완료했는가? 이 전략을 모든 프레젠테이션과 판매 주기에 적용해서 세일즈 계획을 세운다.

'실패를 통해 배운다.'라는 말이 있지만, 실패를 바라는 사람은 없다. 실패를 통해 배우는 최고의 교훈은 '같은 실수는 하지 않는다!'이다. 과거에 이룬 성공에서 배운다면 성공은 되풀이될 수 있다.

원칙 22

고객 서비스는 다음 판매와 단골 고객을 만드는 토대이다

섬기는 것이 다스리는 것이다. – 5천 년 전 중국 격언

세일즈의 품질은 고객 서비스에서 시작된다. – 존 패터슨

친밀감과 돕고자 하는 마음은 성공과 직결된다. – 제프리 지토머

'섬기는 것이 곧 다스리는 것이다.'라는 5천 년도 더 된 중국 격언이 있다. 고객 서비스가 비즈니스에 커다란 영향을 미친다는 사실을 더 많은 사람들이 깨달아야 한다. 그래야 정직과 윤리로 서로가 원윈win-win하는 비즈니스를 이어 가고, 도움을 주는 세일즈맨, 도움이 되는 사업가라는 평판을 얻게 된다.

훌륭한 고객 서비스는 끊임없이 비즈니스를 만들어 낸다. 첫 세일즈가 성사되어 다음 구매가 이루어질 때까지 어떤 일이 생기고, 어떻게 해야 재주문으로 이어질까? 당신이 고객과 맺은 관계에서의 '고객 서비스'가 앞으로의 비즈니스 운명을 결정한다.

훌륭한 고객 서비스는 소비자 입소문을 만든다. 입소문은 일반 광고보다 천 배는 효과적이다.

당신에 대한 '소문'은 어떤가?
구매자들은 모두 고객 서비스를 바라므로 당신이 어떻게 대응하느냐가 중요하며, 대응에 따라 평판을 쌓을 수 있다. 이 평판에 따라 성공하거나 실패할 수 있다. 모든 것은 당신에게 달려 있는 것이다.

어떤 고객은 단골이 되고, 어떤 고객은 한 번의 세일즈로 끝나는 이유를 알아야 한다. 기억에 남을 만한 고객 서비스를 위해 무엇을 해야 하는지, 단골을 유지하기 어떻게 해야 하는지 연구해야 한다.

고객 서비스 목표 중에서 가장 달성하기 어려운 것이 고객 충성이다. 일단 고객 충성을 얻으면 경쟁자는 결코 해낼 수 없는 재주문을 받을 수 있다. 고객에게 변명이 아닌 대답과 해결책을 제시하라. 고객이 원하는 것은 대답과 해결책이다.

 **@BAT** 무작위로 다섯 명의 고객에게 전화를 걸어 당신과의 비즈니스를 어떻게 생각하는지 물어보라. 비즈니스를 이어 나가는 이유도 묻는다. 최고 고객 다섯 명에게도 전화를 걸어 당신과 비즈니스를 이어 나가는 이유를 묻는다. 거래를 끊은 고객 다섯 명에게 전화를 걸어 거래를 끊은 이유를 묻는다.

위에서 물은 20개 답변을 잘 통합하고 연구해 부족한 부분을 채우면 새로운 고객과 최고의 고객을 얻는 방법을 알 수 있을 것이다.

LITTLE PLATINUM BOOK OF CHA-CHING!

원칙 23
차별화된 서비스가 소비자 입소문을 이끈다

<u>추가 서비스를 제공해서 고객을 기쁘게 만들어라. 고객이 만족하면 최고의 광고 효과를 낸다.</u> – 존 패터슨

<u>차별화된 서비스는 입소문을 만들어 낸다.</u> – 제프리 지토머

모든 구매자는 훌륭한 서비스를 원하지만, 만족할 만한 서비스를 받는 구매자는 매우 드물다.

당신의 업무는 단순히 판매하고 서비스를 제공하는 것이 아니라 기억에 남을 만한 서비스를 제공하는 것이다. 기대 이상의 서비스를 제공해서 고객을 놀라게 하고 기쁘게 하며, 더 나아가 고객이 감동하게 만들어라! 기대 이상의 서비스가 계속되면 입소문은 점점 퍼지고 추천으로 이어진다.

사실이나 금액은 잊힐 수 있지만 소비자 입소문은 계속해서 돌고 돈다. 또한 특별한 서비스는 세일즈 장벽을 낮춘다. 고객에게 특별한 서비스를 계속해서 제공하면, 고객은 미디어에서는 물론 다른 잠재 고객에게 당신에 대해 아끼지 않고 광고를 해 줄 것이다. 만족한 고객은 반드시 소문을 퍼트린다는 것을 잊지 말라!

고객의 평가는 입증된 사실이다.
당신은 고객을 어떻게 대하는가?
고객은 당신에 대해 어떻게 말하는가?

하루에 한 명, 고객의 기분을 즐겁게 만들어라. 당신이 사장이라면 당신의 내부 고객, 즉 직원에게도 똑같은 서비스를 제공하라.

생각하라! 훌륭한 서비스를 받고 기분이 좋았던 때를 생각해 보자. 그런 식으로 다른 사람의 기분을 즐겁게 만들어라.

서비스 과정을 살펴보면 당신의 가능성을 알아볼 수 있다.

- 제품이 좋고 고객이 받아들일 정도의 서비스를 제공했다면 고객은 다시 연락할 가능성이 있다. (고객을 만족시킨 것이다.)
- 제품이 훌륭하면 당신을 다시 찾게 될 것이다. (충성도가 높아진다.)

- 제품이 매우 뛰어나고 기억에 남을 만한 서비스를 제공했다면, 당신을 다시 찾게 되고 다른 사람에게도 소개시켜 줄 것이다. (충성도가 높고 소문을 낸다.)

 **@BAT** 최근에 이루어진 소개 판매를 살펴보자. 소개 판매는 어떻게 받았는지, 매주 소개 판매를 얼마나 받았는지 확인해 본다. 고객이 당신을 기억하게 하려면 매일 무엇을 해야 하는지 계획을 세우고 실행으로 옮긴다.

■■■ 당신의 성공을 이루는 명언

고객 서비스는 옳고 그름을 따지는 것이 아니다.
고객 서비스는 문제에 어떻게 대처하고,
반응하며, 해결하느냐이다.
당신이 문제를 어떻게 해결하느냐에 따라
고객과의 관계가 결정된다.

-제프리 지토머

■ LITTLE PLATINUM BOOK OF CHA-CHING!

원칙 24

고객 만족으로
소개 판매를 이끌어 내라

> 고객이 만족하면 최고의 광고가 된다. 당신에게 만족한 고객이 많을수록 돈을 더 벌 수 있다. – 존 패터슨

> 소개 판매는 세일즈를 성사시키는 가장 쉬운 방법이다. – 제프리 지토머

소개 판매는 내가 소개를 부탁하는 것과 부탁하지 않아도 소개를 받는 것, 두 가지가 있다.

부탁하지 않아도 소개를 받고 찾아와 판매가 이뤄지는 경우는 두 가지이다. 하나는 고객에 의한 것, 다른 하나는 소비자 입소문에 의한 것이다. 소개 판매는 세일즈맨이 시장에서 얼마나 좋은 성과를 얻고 있는지 보여주기 때문에 매출로 직결된다. 당신의 성과와 평판이 높은 단계에 이르면 누군가에게 부탁하지 않아도 소개 판매가 이뤄진다.

고객이 만족하면 소개를 받을 수 있다. 하지만 소개 판매를 받으려면 다른 업무도 필요하다. 서비스가 바로 그 열쇠이다. 회사에서 제공하는 훌륭한 서비스에 당신이 세심하게 챙기는 고객 서비스가 더해지면 소개 판매를 얻는 최고의 공식이 된다.

세일즈 전화를 100번 걸어서 세일즈를 몇 건이나 성사시킬 수 있을까? 100번의 소개 판매로 세일즈를 몇 건이나 성사시킬 수 있을까? 예상했겠지만 소개 판매 성과가 훨씬 좋다.

소개 판매를 한 단어로 정의하면 '리스크$_{risk}$'이다. 다른 사람과의 관계나 친분에 대한 위험을 감수하면서도 고객을 소개해 주려는 사람이 있다. 구매하려는 사람은 소개 판매를 주저할 만큼 리스크가 크지 않으며, 구매해도 괜찮겠다는 안심이 들고, 또 보상을 기대할 때 구매를 결정한다.

당신의 고객에게 다른 사람을 기꺼이 소개해 줄 수 있는가? 다른 사람이 자신의 고객을 기꺼이 당신에게 소개해 주는가? 상호 신뢰가 있다면 가능하다.

당신의 모든 고객이 한 명씩 다른 고객을 소개해 준다면 당신의 비즈니스는 두 배로 성장한다.

@BAT 최대 고객 다섯 명의 목록을 적는다. 관계가 좋은 최고 고객 다섯 명의 목록도 적는다. 만일 두 목록의 고객이 같지 않다면 문제가 있는 것이다. 잠시 멈춰서 당신의 상황을 점검하고 1년 안에 두 목록의 고객이 같아지도록 계획을 세워야 한다. 소개 판매를 얻어 낼 수 있는 다섯 가지 방법을 적어 보자. 각각의 소개 판매 전략을 이행할 수 있는 계획도 함께 세운다.

■ LITTLE PLATINUM BOOK OF CHA-CHING!

원칙 25

소비자 입소문은 세일즈에 날개를 단다

고객을 만족시키면 최고의 광고가 된다. – 존 패터슨

소비자 입소문은 일반 광고보다 효과가 50배 이상 크다. – 제프리 지토머

기업들은 제품을 팔기 위해 기업 홍보를 하고 제품 광고를 만드는 데 많은 돈을 들인다. 하지만 제3자의 객관적인 말과 소비자 입소문은 많은 돈을 들여서 만든 광고보다 효과가 100배 이상 크다.

패터슨은 다양한 방식으로 홍보를 했다. 5천 명의 잠재 고객에게 광고 전단지를 발송하고, 고객이 상점으로 들어올 수 있게 상점의 창문을 예쁘게 장식했다.

하지만 무엇보다 홍보 효과가 좋았던 것은 소비자 입소문을 활용하는 것

이었다. 패터슨은 제품을 사용하고 만족을 얻은 고객의 말이 최고의 광고가 된다는 사실을 깨닫고, 세일즈맨들에게 자신들을 돕는 사람, 즉 단골들이 입소문을 내게 하라고 했다.

소비자 입소문은 세일즈와 평판에 막강한 힘을 실어 준다.

소비자 입소문 광고는 다음과 같은 성공 요인을 만들어 준다.

1. 실제 상품과 당신이 홍보하는 내용이 같다는 증거가 된다.
2. 당신의 신뢰와 평판을 높인다.
3. 고객의 충성도가 더 높아지고 당신과의 관계도 깊어진다.
4. 당신의 유일무이한 증거가 된다.
5. 구매 위험성을 줄여 준다.
6. 경쟁자의 코를 납작하게 만든다. 특히 경쟁자와 거래하다가 당신과 거래하게 된 고객의 말이라면 효과가 더 좋다.

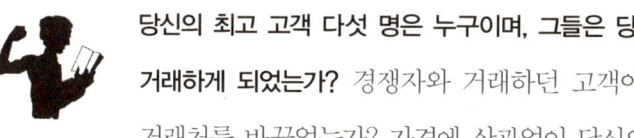

당신의 최고 고객 다섯 명은 누구이며, 그들은 당신과 어떻게 거래하게 되었는가? 경쟁자와 거래하던 고객이 당신으로 거래처를 바꾸었는가? 가격에 상관없이 당신의 서비스에서 가치를 찾고 만족해하며, 당신을 위해 입소문을 내 줄 것 같은가?

엄청난 돈을 들여서 자신의 제품이 최고라고 외치는 광고를 만드는 대신 당신을 홍보해 주는 고객이 한 부대가 되도록 모아라. 당신의 기대보다 훨씬 많은 거래를 성사시킬 수 있다. 문제는 당신을 위해 소문을 퍼트려 줄 고객이 한 부대가 되느냐이다.

@BAT 소비자가 당신이 파는 제품의 장점들에 대해 말하는 내용을 동영상으로 담은 다음 세일즈 프레젠테이션의 적절한 시점에 잠재 고객에게 보여 준다. 세일즈 성과가 눈에 띄게 좋아질 것이다.

세일즈맨이 자신의 제품이나 회사, 또는 자신에 대해 말하면서 자랑에 치우치는 경우가 종종 있다. 하지만 단골 고객이 제품에 대해 좋게 말하면 세일즈맨이 정당한 홍보를 하고 있다는 사실을 입증하는 증거가 된다. 세일즈맨은 팔지 못해도 소비자 입소문은 팔 수 있다.

이 제품을 살까, 저 제품을 살까 저울질할 때 결정을 내리게 하는 것은 세일즈맨이 아니라 소비자 입소문이다. 소개 판매와 마찬가지로 입소문 또한 매출 실적으로 직결된다. 당신의 제품 혹은 서비스에 대해 소비자 입소문이 없다고 해서 지금 당장 문제가 되는 것은 아니지만, 앞으로를 위해서 해결책을 찾아야 한다. 자신의 세일즈 방식이나 비즈니스 방법, 판매 제품의 성능과 품질도 깊이 생각해 봐야 한다.

몽고메리역사학회 NCR기록보관소 사진 자료

소비자 입소문을 활용한 1947년 NCR 광고

> "금전등록기 덕분에 직원 두 명분의 인건비를 줄였고, 매출은 30퍼센트 정도 늘었어요."
> – 테네시 주 클리블랜드
>
> "금전등록기를 쓰면서 비용 증가 없이 매출이 엄청나게 늘었어요. 이제 수금 업무, 세금 징수 업무까지 다 관리할 수 있습니다." – 미주리 주 세인트루이스
>
> "금전등록기를 더 일찍 구입했으면 지금보다 수천 달러는 더 벌었을 거예요."
> – 캘리포니아 레드우드 시티
>
> **여러분도 비슷한 효과를 누릴 수 있습니다.**

세일즈맨은 소개나 입소문을 얻지 못하는 것을 고객의 탓으로 돌리기도 하는데 이는 잘못된 생각이다.

"소비자 입소문으로 거부 의사를 극복하라." - 존 패터슨

"소비자 입소문 하나가 100번의 프레젠테이션보다 더 위력이 있다." - 제프리 지토머

소비자 입소문은 당신이 가질 수 있는 유일한 증거이다.

주제별로 분류한 소비자 입소문으로 가득한 노트를 갖고 있다면 이들 증언을 동영상으로 담아라. 21세기 기술에 맞게 소비자 입소문의 형태를 바꾸면 더 좋을 것이다. 동영상 자료가 편지보다 훨씬 위력적이라는 사실을 잊지 말라. 동영상 자료가 잠재 고객이 가격, 품질, 가치 등에서 편견이나 장벽을 없앨 수 있을 만한 내용인지 확인한다.

@BAT 당신을 정말로 신뢰하고 좋아하는 최고 고객 다섯 명을 선택한다. 의견을 구하고 싶다며 고객과 약속을 잡는다. 당신에 대한 고객의 생각을 동영상으로 촬영한다.

고객의 입소문을 담은 동영상 자료 모음은 다른 세일즈 방법이나 광고보다 10배 이상의 효과를 낼 수 있다. 서면 자료는 효과가 떨어진다.

· · · 당신의 성공을 이루는 명언

만약 이 책에 나오는 원칙 중 한 가지만 실천할 생각이라면,
고객의 입소문을 담은 동영상 자료를 활용하라.
당신의 주장을 뒷받침하고
평판을 쌓을 수 있는 동영상 자료는
100퍼센트 효과를 보증한다.

−제프리 지토머

원칙 26
우수한 인재가 성공을 이끈다

그냥 팀이 아니라 훌륭한 아이디어를 낼 수 있는 팀을 만들고 싶다. - 존 패터슨

경영자들은 좋은 인재가 없다며 한탄한다. 사실을 말하자면, 좋은 인재는 많지만 그들을 위해 일하지 않을 뿐이다. - 제프리 지토머

나는 독수리 같은 직원을 고용한다. 지식과 긍정적인 태도, 근무 윤리를 갖추고 있으며, 성공을 위해 새로운 것을 배우려고 하는 직원을 원한다. 독수리 같은 직원과 함께 한다면 당신 사업에도 날개를 달 수 있다.

이런 독수리 같은 직원에게도 문제는 있다. 독립적으로 움직인다는 것이다. 어떤 때는 멀리 날아서 아예 회사를 떠나 버리기도 한다. 하지만 사업을 일구고 발전시키려면 이런 위험은 감수해야 하고, 독수리에게 보상도

줘야 한다.

이 글을 쓰고 있는 이 순간, 독수리 같은 내 직원의 수는 35명이다. 나는 이 직원들에게 최고의 대우를 해 준다. 용기를 북돋아 주고, 모범을 보여 가르치기도 하며, 나의 직업 철학을 바탕으로 근무 윤리를 세우고, 다른 곳에서 받을 수 있는 것보다 더 좋은 혜택을 직원들에게 제공하려고 한다.

내 직원들은 연봉도 높다. 하지만 그보다 더 중요한 것이 있다. 쾌적한 업무 환경, 건강보험, 치과보험, 생명보험, 연금 혜택도 제공하고, 이보다 더 수준 높은 혜택도 제공한다. 무료 음식과 음료 제공, YMCA 헬스클럽 회원 등록, '샘스 클럽Sam's Club, 회원제 할인 매장' 및 코스트코Costco, 회원제 창고형 할인 매장 회원 등록, 모두에게 점심식사를 제공하는 생일 파티 등이 있다.

나는 이 독수리 직원들을 '팀'이 아니라 '가족'이라고 부른다. 내가 직원들을 가족처럼 생각하면 직원들도 직장과 일을 내 집 내 일처럼 느낄 것이라 생각하기 때문이다. 물론 나의 진짜 가족은 따로 있다. 형제도 있고 딸도 있으며 이 가족들에게도 잘하려고 노력한다. 어쨌든 가족은 팀보다 훨씬 가까운 관계이다.

나는 실수한 직원에게 보상을 한다. 커다란 실수를 하면 100달러를 지급한다. 직원들은 돈을 받으면 깜짝 놀란다. 이 돈은 찜찜한 기분과 슬픔은 뒤로 하고 교훈을 배우라는 뜻으로 지급하는 것이다. 또한 위험과 실패를 감수한 용기에 대한 보상이기도 하다.

실수를 저지르고 싶어 하는 사람은 없기 때문에 어떤 사람이든 실수를 하고 나면 기분이 좋지 않다. 하지만 실수를 딛고 일어서면 더 많은 것을 배우고, 그런 다음에는 다시금 웃을 수 있다. 실수 후에 배우고 그 다음의 보상을 생각하라는 나의 방법은 우리 직원들에게 통했다.

그렇다면 독수리를 어떻게 찾을 수 있을까? 당신이 찾는 것이 아니라 그들이 당신을 찾는다. 당신의 사업이 매력적이고 명성이 쌓이면 사람들이 자발적으로 연락을 해 온다. 당신은 그들 가운데서 독수리를 잘 가려내기만 하면 된다. 매, 콘도르, 닭 등이 독수리로 위장하는 경우도 있다.

 **@BAT 독수리 직원을 알아보려면 자신의 장점에 대해 논의해 보는 주말 모임을 갖자고 요청하라.** 사업 전망에 관한 그들의 의견과 통찰을 들어보고, 또 어떤 변화를 원하는지 물어본다. 헤어지기 전에 독수리들에게 과제를 할당한다.

원칙 27
경쟁이란 최선을 다해 준비하는 것이다

경쟁자를 공정하게 대하라. – 존 패터슨

경쟁은 전쟁이 아니다. 배우고, 준비하고, 최선을 다하는 것이 경쟁이다. – 제프리 지토머

경쟁자도 당신과 마찬가지로 사업을 넓히고 고객 기반을 확대하고 싶어 한다. 때로 경쟁자가 싸움을 걸거나 정상적이지 않은 방법으로 가격을 내리고, 치사한 방법을 쓰는 등 당신의 세일즈를 막기 위해 온갖 수단을 동원할 것이다.

그렇다 해도 당신은 세일즈를 성사시키고, 정당한 비즈니스 기준을 유지해야 한다. 이는 경쟁자보다 뛰어난 생각, 가치 창출, 성과로 이어진다. 당신에게는 언제 어디서나 도움을 주는 수많은 사람, 바로 당신의 단골 고객이 있다는 것을 잊지 말라.

경쟁자를 다루는 방법은 다음과 같다.

1. **경쟁 우위를 점하라.** 가장 이상적인 방법은 승리하는 것이다. 당신이 유리하다고 생각하라. 가만히 앉아서 방관하라는 뜻이 아니라 경쟁자가 당신에게 대처해야 하거나 당신보다 못하다고 생각하라.
당신이 우위를 차지하는 몇 가지 방법이 있다. 이메일 매거진, 세미나, 소개 판매가 바로 그것이다. 고객에게 정보를 주고 이익이 돌아가게 함으로써 당신의 가치를 구축하는 것이다. 좋은 입소문을 얻어서 우위를 점하는 데 활용하라.
세일즈 경쟁보다 단골 고객의 홍보가 훨씬 효과가 크다는 것을 명심하라. 우위를 차지하기 위해 시간과 노력을 투자하면 기대보다 더 큰 보상을 반드시 얻을 수 있다. 뿐만 아니라 세일즈가 더 쉽고 재미있어진다. 경쟁자보다 우위에 서게 되면 최고가 될 수 있는 자격이 주어지는 것이다.

2. **경쟁을 무시하라.** 나는 최근 10년 동안 경쟁을 무시하고 프레젠테이션과 작문 실력을 쌓아 왔다. 나의 경쟁자들은 자신의 고향에서 내 칼럼을 읽고 있을 것이다. 그들은 나를 싫어하지만 나는 상관하지 않는다. 경쟁자들은 나를 알지만 나는 몇 명 외에는 알지 못하기 때문이다.

세일즈와 경쟁은 같은 격언을 적용할 수 있다.
"당신이 아는 사람보다 당신을 아는 사람이 중요하다."

케케묵은 말처럼 들리겠지만, 다른 사람을 이기려고 노력하는 것보다 기술을 쌓는 것이 훨씬 더 중요하다. 이 점을 기억하라!
나는 '승자'가 아니라 '최고'가 되려고 노력한다. 최고가 되면 승리는 저절로 따라온다.

내가 항상 이기는 것은 아니지만 나는 항상 승리했다고 생각한다. 뿐만 아니라 다음 기회를 준비할 수 있는 평정심과 자신감을 갖고 있기 때문에 패배한 후에는 더 열심히 기술을 연마한다.

경쟁을 다루는 내 방식, 즉 우위를 점하거나 무시하는 방법이 결코 쉬운 것은 아니다. 하지만 효과는 정말 좋다. 우위를 차지하는 기간이 길어지면 경쟁자를 더 오랫동안 무시할 수 있다.
그렇다, 나도 경쟁자를 이기고 싶다! 이기고 싶은 것은 사람의 본능이다. 하지만 더 지혜로운 방법은 경쟁자가 당신의 존재와 위치에 신경을 쓰게 만드는 것이다.

상대가 당신의 발소리를 듣게 하고, 고객의 선택을 통해 경쟁자를 이겨라.

3. **경쟁에서 이기려고 덤핑 판매나 가격 인하를 시도하지 말라.** 사우스웨스트항공Southwest Airlines처럼 소비자에게 최저가를 내세우면서 최소한의 이익을 내는 회사가 있기도 하지만 드문 경우에 속한다.

다음의 질문을 생각해 보자!

◆ 경쟁자에게 대응할 수 있는 방법이 얼마나 있는가?
◆ 경쟁자에 어떻게 대응하고 있는가?
◆ 경쟁자에 대해 어떻게 이야기하는가?
◆ 경쟁자를 어떻게 이기는가?
◆ 경쟁자를 이긴 경우가 몇 번이나 되는가?

목표는 경쟁자와 다른 당신만의 차별화 전략이다.

 **창의적이고 새로운 아이디어로 무장하라.** 당신이 판매하고 있는 것을 완벽한 형태, 즉 완료된 디자인, 초기 레이아웃, 견본으로 준비하라. 감탄할 만한 프레젠테이션을 준비하고, 경쟁자를 이길 수 있는 비교 차트를 만들어라. 명함이 너무 평범하면 자신의 돈을 들여서라도 새로운 명함을 만들어라.

경쟁이 어렵다고 포기해서는 안 된다. 멋진 말이 생각나지 않는다면, 그냥 아무 말도 하지 말라. 입이 근질근질해지고 달콤한 유혹의 노래가 귓

가에 맴돌 것이다. 유혹을 이기고 준비와 창의성에 집중하라. 이 두 가지는 절대 버려서는 안 된다. 경쟁을 포기하면 이길 수 없는 상황이 아니라 완전히 패배하는 상황을 만든다.

잠재 고객이 경쟁자가 아니라 당신을 선택하면 축배를 들어도 좋다. 당신을 선택한 이유를 알아내는 것도 잊어서는 안 된다. 당신을 선택한 이유를 알아낸 다음 그 과정을 반복한다. 실패했을 때도 마찬가지다. 이유를 알아내야 한다.

@BAT 최근에 경쟁자를 제치고 세일즈를 성사시킨 다섯 가지 사례를 생각해 보자. 당신이 승리한 주된 이유가 무엇인지 적는다. 최근에 경쟁자에게 세일즈를 빼앗긴 다섯 가지 사례도 생각해 보자. 당신이 패배한 주된 이유가 무엇인지 적어 본다. 다 적었다면 당신이 선택받은 이유를 최대한 빨리 강화하고, 선택받지 못한 이유는 최대한 빨리 극복한다. 당신을 이기게 해 준 경쟁자에게 감사의 마음을 갖고, 더 많은 세일즈를 즐겨라.

FREE GITBIT

고객이 당신을 선택한 이유는 당신의 제품 또는 당신과의 거래가 더 괜찮다고 생각했기 때문일 가능성이 높습니다. 당신의 고객이 경쟁자 대신 당신을 선택하는 이유 4.5가지가 궁금하다면, www.gitomer.com에 접속해서 회원 등록을 한 다음 GitBit 박스에 'BEAT COMPETITION'이라고 치세요.

LITTLE PLATINUM BOOK OF CHA-CHING!

원칙 28
성공을 도운 사람들에게 감사하라

다른 사람에게서 배우려 하지 않고 자신의 방법만 고집하면 결코 발전할 수 없다. – 존 패터슨

목표 달성에 대한 보상이 주어지면 더 큰 목표를 세우게 된다. – 제프리 지토머

당신이 성공 가도를 달릴 수 있게 도와준 사람들에게 감사의 말을 반드시 전하라. 이는 세일즈맨이나 비즈니스맨뿐만 아니라 작은 가게를 운영하는 사람에게도 적용된다.
패터슨은 세일즈 팀뿐만 아니라 전 직원들에게 고마움을 전했다. 지금도 존재하는 '100포인트 클럽'을 통해서도 보상하고, 공장 환경을 개선하고 인센티브를 주는 등 사원의 요구 충족과 보상을 위해 최선을 다했다.
혼자서는 성공할 수 없다. 성공은 하루아침에 이룰 수 있는 것이 아니다.

운이 좋아서 한두 명의 멘토만으로도 성공할 수도 있지만, 도움을 준 은인에게 감사하는 것을 잊어서는 안 된다. 시간을 갖고 당신의 성공에 일조한 사람들을 떠올려 보라. 그리고 모두에게 감사하는 습관을 갖는다.

어려운 과정을 겪고 목표를 달성하기 위해선 동료의 도움이 반드시 필요하다. 상사가 당신을 도울 수도 있고, 트럭 운전사가 도움을 줄 수도 있다. 대개 직급이 낮은 사람이 도와주는 경우가 많은데, 그들에게 감사하는 마음으로 보상하라. 그들의 고마움을 잊지 않고 있다는 사실을 알려라. 당신이 받는 모든 영수증에는 '감사합니다.'라는 말이 적혀 있을 것이다. 그것을 시작한 사람이 바로 패터슨이다.

@BAT 감사의 마음을 전하고 싶은 사람 다섯 명의 목록을 만들고, 그들을 위한 작은 선물을 준비한다. 나의 경우 친필 서명된 책을 선물로 준다. www.executivebooks.com에 가서 찰리 존스의 책을 구입하고 친필 서명이 된 책을 요청하면 존스가 무료로 서명을 해서 보내 준다. 나도 선물로 주려고 10여 권을 갖고 다닌다. 대부분의 사람들은 이 선물을 좋아한다.

생각하라! 당신이 영향을 받은 것과 같은 방식으로 다른 사람에게 긍정적인 영향을 주는 것을 생각해 보라. 멘토가 되는 것은 소중한 보물이 되는 것이며, 당신의 투자를 받은 사람은 놀라운 세상을 개척해 나갈 수 있다.

원칙 29

충성을 받으려면
먼저 충성을 바쳐라

업무를 통해 얻은 것이 돈밖에 없다면 성공은 아직도 멀었다. – 존 패터슨

비즈니스 성과 중 가장 높은 단계는 고객 충성이다. – 제프리 지토머

패터슨은 1889년에 '당신의 제품을 믿고, 당신의 회사에 충성하고, 당신의 업무에 충실하라.'라고 썼다. 이렇게 썼지만 패터슨은 단 한 번도 이 말을 입에 올린 적 없이 충성에 대한 원칙을 몸소 실천해 나갔다.

내가 믿고 또 알리고 있는 충성의 네 가지 기둥은 다음과 같다.

1. 회사에 대한 충성

2. 상품에 대한 충성

3. 고객에 대한 충성

4. 자신에 대한 충성

패터슨의 글을 충성의 네 가지 기둥과 조합하면, 장기적인 사업 성공의 토대가 될 것이다.

고객과의 관계에서 어떻게 '충성'을 이끌어 낼까? 간단하다. 일상생활 속에서 충성을 쌓을 수 있었던 원칙을 그대로 적용하면 된다. 충성을 결정하는 나만의 기준을 소개한다.

1. 고객이 나와 또 거래를 할 것인가?

2. 고객이 다른 잠재 고객을 나에게 소개시켜 줄 것인가?

충성에 대한 나의 철학은 다음과 같다.

- 내가 먼저 충성하면 고객도 내게 충성을 보여 준다.
- 어떤 고객에게 내 고객을 소개해 줌으로써 그 고객에게 나의 충성을 보여 줄 수 있고, 그 고객도 나에게 충실해진다.
- 내가 원하는 행동을 고객에게 해 주면, 요청하지 않아도 내가 바라는 것을 자연스럽게 얻을 수 있다.

가장 쉬운 충성 수업은 긍정적인 것이든 부정적인 것이든 집에서 배울 수 있다. 건물이나 주택의 토대는 기둥이다. 토대가 튼튼해야 안정적인 건물을 지을 수 있는 것처럼 비즈니스 토대가 튼튼해야 안정적인 고객을 확보할 수 있다. 위에서 말한 충성의 네 가지 기둥은 반드시 필요하며, 다음의 말들도 명심한다.

- 충성은 최고의 표창이다.
- 충성은 성공이다.
- 충성은 순금이다.
- 충성은 황금 비즈니스이다.
- 충성은 단호하고 가차 없으며, 사실 그대로를 보여 주는 척도이다.
- 충성은 다른 사람에게 충성을 얻어 금전등록기를 울리게 하는 황금 기회이다.

'충성을 얻는 최고의 방법은 충성을 하나씩 벌어들이는 것이다.' - 제프리 지토머

■■■ 당신의 성공을 이루는 명언

고객 충성은 돈과 가치의 균형을 이뤄야 하기 때문에

고객에게 매우 예민한 부분이다.

충성은 그냥 주어지는 것이 아니라

차별성을 인정받아야 얻을 수 있다.

- 제프리 지토머

원칙 30

옳든 그르든
결정을 내려라

경영자는 결정을 내릴 수 있는 권한이 있다. 결정이 옳을 때도 있고 그를 때도 있지만 경영자는 항상 결정을 내려야 한다. – 존 패터슨

몇 차례 실패를 겪어야 비로소 성공한다. – 맥스 지토머(나의 아버지)

결정을 내리려면 위험을 감수하는 용기가 필요하다. 패터슨은 "위험을 감수해야 기회가 온다."라고 말했다. 전반적으로 패터슨의 삶은 위험과 기회로 가득했으며, 마지막 동전 한 푼까지도 잃을 수 있는 결정을 자주 내렸다. 하지만 패터슨은 항상 예측하고 계산했기 때문에 계산된 위험만 기꺼이 받아들였다.

패터슨은 결정권자였지만 임원들에게도 결정을 내리게 했다. 패터슨은 실수하는 직원은 용서했지만, 결정을 내리는 것을 두려워하거나 주저하는 사람은 용서하지 않았다.

패터슨은 상황을 현실 그대로 분석하는 본능적인 습관을 갖고 있었으므로 그에게 결정은 매우 쉬운 일이었다. 중요성에 상관없이 패터슨은 자신의 피라미드 차트를 이용해 결정을 내렸다. 피라미드 차트는 도달해야 할 목표(결정)를 피라미드 꼭대기에 적은 다음 목표를 달성할 수 있는 수단에 대한 현실적인 분석을 덧붙였다.

패터슨은 회사의 모든 직원들이 결정을 내릴 때 이 방법을 사용하도록 표준화했다. 이로 인해 모든 직원들이 결정을 내려야 할 때 피라미드 차트를 사용하게 되었다. 패터슨은 직원 모두가 비슷한 생각을 하길 원했으며, 자신과 생각을 공유하기를 바랐다. 피라미드 차트는 그런 바람을 보여 주는 상징이었다.

생각하라! 미뤄 두었던 몇 가지 결정을 떠올려 보자. 불확실함, 좋지 않은 시기, 리스크, 혹은 반발 때문에 결정을 미루었는가? 방향은 언제든 바꿀 수 있지만 가만히 있으면 아무것도 바꿀 수 없다.

결정을 미루는 이유는 여러 가지이다. 지식과 판단 정보의 부족, 혼란과 의구심, 그리고 두려움이 결정을 미루게 한다.

결정을 '할 수 없는' 것이 문제가 아니라 '하지 않는' 것이 문제다. '할 수 없다'는 것은 곧 하지 않겠다는 뜻이다.

나중에 불평하는 사람들은 결정을 내리려고 하지 않는 습성이 있다. 비록 잘못된 결정이었다고 해도 위험을 감수하고 결정을 내린 사람에게 "나라면 그렇게 하지 않았을 거야!"라고 비난한다. 집에서 맥주잔을 들고 TV를 향해 소리를 지르는 행동과 무엇이 다른가?

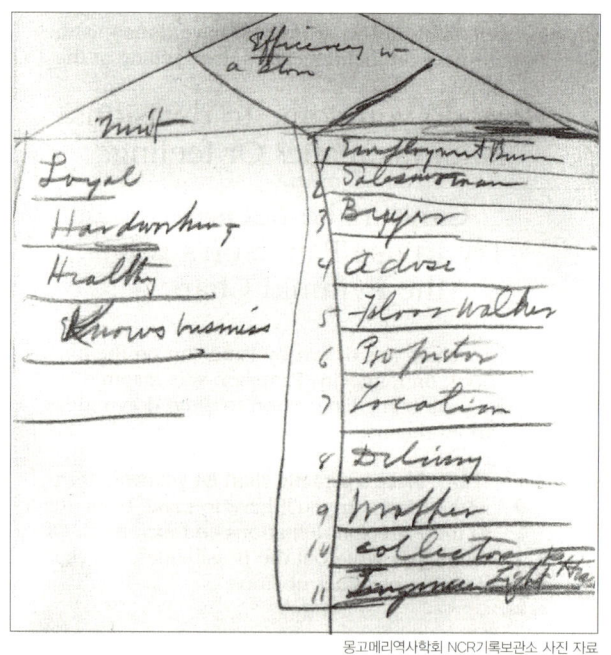

몽고메리역사학회 NCR기록보관소 사진 자료

존 패터슨이 직접 작성한 피라미드 차트

당신은 어떤 방법으로 결정을 내리는가? 체계적인 분석이나 직감으로 판단하는가? 결정을 못 하겠다면 패터슨의 피라미드 차트를 사용해 보라.

피라미드 차트는 패터슨이 장기근속에 관해 쓴 책의 마지막 페이지에 그려 놓은 것이다. 패터슨은 독서에서 영감을 받아 아이디어와 개념, 사상을 글로 적고 행동으로 옮겼다.

@BAT 당신만의 피라미드 차트를 만들어 보라. 당장 마무리 지어야 할 결정부터 시작하고, 패터슨의 사례를 참고한다. 가능성을 자주 적어 나가면 올바른 결정을 내리게 될 것이다.

FREE GITBIT

사람들에게 결정을 내리게 하는 요인과 의사 결정을 방해하는 요인에 대해 더 알고 싶다면 www.gitomer.com에 접속해서 회원 등록을 한 다음 GitBit 박스에 'DECISION'이라고 치세요.

LITTLE PLATINUM BOOK OF CHA-CHING!

원칙 31
도덕적인 행동으로 평판을 쌓아라

세일즈맨으로 성공하려면 거짓말쟁이가 되어야 하는 시대도 있었지만, 이미 그 시대는 지나갔다. – 존 패터슨

말보다는 행동으로 판단받고 평판을 쌓아라. – 제프리 지토머

도덕적 행동이란 어떤 것이며, 누가 결정하는가?
프레젠테이션을 하면서 아래의 여섯 가지 질문을 던져 보라.

1. 이 제품이 고객에게 장기적으로 이득이 되는가?
2. 이 제품이 우리 회사에 장기적으로 이득이 되는가?
3. 이 제품이 나의 경력에 장기적으로 이득이 되는가?
4. 내가 잠재 고객이라면 이 제품을 구매할 것인가?

5. 나의 어머니가 자랑스러워하실 만한 제품인가?

6. 나는 사실 그대로 말하고 있는가?

이 질문들은 세일즈 과정에서 핵심적인 사항이며, 모든 비즈니스 윤리의 핵심이다. 비즈니스 거래가 이루어질 때마다, 세일즈가 진행될 때마다 스스로에게 위의 질문들을 던져야 한다.

패터슨은 100년 전에도 비즈니스 윤리의 중요성을 알고 있었다. 패터슨은 NCR의 직원들이 사람들에게 호감을 주고, 진실하며, 성실한 이미지를 쌓길 바랐다.

자신에 대해 말해야 할 때 사실대로 말하지 않는 사람이 많다는 것을 나는 경험을 통해 알게 되었다.

생각하라! 잠시 생각해 보자. "나는 정직하다.", "나는 윤리적이다." 심지어 "내가 결정권자다.", "나는 경영자다." "내 책임이다."라고 말하지만, 사실은 반대인 경우가 많다.

당신의 도덕성을 평가하는 간단한 방법을 소개한다.

- 같은 고객에게 또 다시 판매할 수 있는가?

- 부탁하지 않아도 고객이 다른 고객을 당신에게 소개해 주는가? 당신의 도덕성에 따라 세일즈가 더 많아지거나 줄어든다.

- 월트 디즈니에서 만든 《피노키오 Pinocchio》 애니메이션을 기억하는가? 피노키오 어깨 위에 있던 귀뚜라미 지미니 크리켓 Jiminy Cricket은 '양심대로 행동해 Always Let Your Conscience Be Your Guide'라는 노래를 부르면서 피노키오가 나쁜 행동을 하지 못하게 했다. 마찬가지다. 어떤 말을 해야 할지 무엇을 해야 할지 모르겠다면 당신이 아는 한에서 양심적으로, 도덕적으로 행동하면 된다.

■ LITTLE PLATINUM BOOK OF CHA-CHING!

원칙 32
숙제하는 것을 잊지 말라

금전등록기를 시연하는 목적은 금전등록기를 판매하기 위한 것이다. 시연을 아무리 잘해도 세일즈를 성사시키지 못하면 목표 달성에 실패한 것이다. – 존 패터슨

능력 없는 세일즈맨은 할당량을 보고 두려워한다. 보통의 세일즈맨은 할당량을 목표치라 생각한다. 훌륭한 세일즈맨은 할당량을 보고 코웃음을 친다. – 제프리 지토머

패터슨은 세계 최초로 '할당제quota system'를 활용했다. 할당제는 세일즈맨의 판매 영역을 고려해 판매 목표치를 부여하는 것이다. 또 세일즈맨이 자신의 영역에서 판매할 수 있는 정도를 반영한 것이다. 오늘날과 마찬가지로 당시에도 할당제는 최소한의 기준을 달성해야 한다는 평가 기준이었다.

당신은 청소년기 내내 부모님에게 "숙제해야지!"라는 말을 들었을 것이다. 이 말은 잔소리가 아니라 교훈이다. 학교를 다닐 때도 매일 숙제를 했던 것처럼 비즈니스를 하고 있는 지금도 다른 사람에게 지지 않기 위해 숙제를 해내야 한다.

'점점 더 법칙'이라고 부르는 나만의 법칙을 소개한다.

- 당신이 믿는 만큼 더 많이 팔 수 있다.
- 다른 사람들에게 가치를 제공하는 만큼 사람들이 당신을 알아주고 존중해 준다.
- 비즈니스에 대해 공부를 많이 할수록 비즈니스 상황에서 대처할 수 있는 방법을 더 많이 알게 된다.
- 세일즈에 대해 공부를 많이 할수록 세일즈 상황에서 대처할 수 있는 방법을 더 많이 알게 된다.

할당량이 아니라 목표를 달성하라.
할당량을 채우는 데 급급해 하지 말고 최고가 되겠다고 생각하면 목표가 보일 것이다.

나의 아버지 맥스 지토머는 숙제로 가득한 줄 쳐진 노란 노트를 준비한 다음 세일즈 전화를 걸었다. 전화를 마치고 나면 언제나 세일즈 계약으로 노트가 가득 찼다. 나는 그 둘 사이에 상관관계가 있는 건지 궁금했다.

'숙제'를 말 그대로 풀어 보면 '집에서 하는 과제'이다. 즉, TV를 끄고 컴퓨터를 켜고, 인터넷에 접속하고, 독서를 하고, 생각을 하라는 것이다. 성공을 이끌 수 있게 준비하라는 뜻이다. 기본을 잘 갖추고, 잘 준비하면 할당량은 물론 목표를 이룰 것이다.

생각하라! 목표를 달성하고 최선을 다하는 데 방해되는 것이 무엇인지 생각해 보라.

■ LITTLE PLATINUM BOOK OF CHA-CHING!

원칙 33
100년 이상 통한 원칙은 바꾸지 말라

하늘 아래 새로운 것은 없다. 우리가 모르는 오래된 것만 있을 뿐이다. – 앰브로스 비어스 Ambrose Bierce

새로운 것, 새로운 아이디어를 원한다면 70년 전에 쓰인 책을 읽어라. – 제프리 지토머

어디에든 전통이 있다. 미식축구 경기는 100년 전에도 있었고, 종교 의식, 민주당과 공화당의 대립, 휴일, 퍼레이드도 마찬가지다.

사람들은 전통에 끌리고 전통에 매혹된다. 추운 날씨에도 멀리서 비행기를 타고 와 가족, 친지들과 함께 전통을 즐긴다. 사람들은 전통에 대해 이야기할 뿐만 아니라 예전에 치러진 전통과 오늘날의 전통을 비교하기도 한다.

내가 당신에게 소개한 원칙과 전략, 아이디어도 마찬가지이다. 100년 이상 지속되고 통했기 때문에 100년 이상 존재한 것이다. 명절에 가족들과 함께 특별한 음식을 먹는 전통, 신과 조상에게 감사하는 예절 전통, 소득의 일부를 저축하거나 투자하는 개인의 재정 습관 등 전통의 종류는 다양하다. 전통은 뿌리가 너무나 깊어 반박할 수조차 없다.

마찬가지로 비즈니스의 전통을 파악하고 완전히 습득하면 성공할 수 있을 뿐만 아니라 존경도 받을 수 있다.

전통은 신성하고 성공을 보장하는 확실한 열쇠이다.

100포인트 클럽의 전통

패터슨은 직원들에게 인센티브와 보상을 준 최초의 경영자였다. '100포인트 클럽'은 1906년 1월 1일 이후 매달 100포인트 이상 판매한 NCR의 세일즈맨들을 위해 만들었다. 당시 뛰어난 세일즈맨을 상징하는 등급이 별이었는데, 100포인트 클럽의 상징은 별보다 한 단계 위인 다이아몬드였다. 이 클럽은 100년이 훨씬 지난 지금에도 건재하며 그들만의 전통이 되었다.

100포인트를 달성한 사람에게는 회사의 임원들과 함께 2주간의 오하이오 컨벤션에 참석하는 혜택이 주어졌다. 물론 모든 비용은 회사에서 제공

되었다. 이처럼 패터슨은 세일즈 목표를 초과 달성한 직원들에게 엄청난 보상을 주었는데, 그중에는 새 자동차 같은 것도 있었다. 다른 보상들도 세심하게 마련해 직원들에게 최고의 선물을 주었다.

NCR의 모든 세일즈맨들은 월급이나 일하는 것 이상을 달성하기 위해 열심히 일하고 노력을 아끼지 않았다. 회사는 인센티브와 보상을 통해 성실하게 목표 달성에 힘쓰는 직원들을 얻을 수 있었다. 패터슨의 인센티브 제도는 지금까지도 전 세계 근로자들에게 적용되고 있다.

100포인트 클럽의 첫해 컨벤션의 주제는 '충성심이 리더를 만든다.'였다. 이 주제는 컨벤션에 참석한 세일즈맨들에게 미국 세일즈 인재들의 모임에서 리더가 되는 것이 얼마나 큰 영광인지 알게 해 주었다. 100포인트 클럽의 회원들은 다음과 같은 대상에 충성을 바쳤다.

1. 회사
2. 회사의 방침
3. 수준 높은 세일즈 철학
4. 우수하고 윤리적인 비즈니스 관행
5. 자기 자신

100포인트 클럽은 축하와 감사, 그리고 배움을 경험하는 장이었다. 영광

몽고메리역사학회 NCR기록보관소 자료

1920년의 공동체특허조약 컨벤션, 앞줄 오른쪽에서 두 번째가 패터슨이다.

스럽게도 이 클럽의 컨벤션에서 강연해 달라는 요청을 받은 적이 있었는데, 나에게도 흥미로운 경험으로 남아 있다.

전통은 소중한 자산이 되어 성공과 연결되고 과거와 현재를 이어 준다. 뿐만 아니라 결과를 예측하게 하고, 어떻게 해야 하는지 방향을 제시해 주며, 과거에 성공한 사례가 있으므로 해낼 수 있다는 자신감을 심어 준다.

당신이 배우고 적용할 수 있는 전통은 많다.
당신의 성공에 도움을 주기 위해 당신의 손길을 기다리고 있다.

■■■ 당신의 성공을 이루는 명언

당신의 성공을 도운 이에게
공개적으로 감사를 전하고 보상하라.

─ 존 패터슨

'전통'은
영화 《지붕 위의 바이올린 Fiddler on the Roof》에서
주인공 테비에 Tevye가 부른 노래의 제목이다.

당신의 퍼레이드에 사람들이 비를 뿌리는 이유는
그들이 퍼레이드를 하지 못하기 때문이다.

─ 제프리 지토머

성공과 삶의 원칙의 전통

120년 동안 성장하고 발전해 온 회사라면 회사만의 오래된 전통이 있을 것이다. NCR의 경우 《프라이머》와 100포인트 클럽이라는 2가지 전통이 있다.

돌이켜 보면, 지금은 사라졌지만 유지했으면 좋았을 것이라고 생각되는 전통이 있을 것이다.

세계는 10년 주기마다 급격한 변화를 겪어 오고 있으며, 이 변화를 수용해 전통은 다른 형태로 계승되거나 사라지기도 한다. 120년의 역사는 아니어도 당신의 회사에도 오래된 독특한 가치나 원칙이 있을 것이다. NCR에는 1884년에 창간된 《허슬러 The Hustler》라는 잡지가 있었는데, 무슨 이유에서인지 후에 폐간되고 말았다.

이 잡지는 세일즈 아이디어나 뉴스, NCR의 성공 사례를 공유할 목적으로 출간되었다. 오늘날 '허슬러'라고 하면 외설 잡지를 떠올리는 사람이 많을 테지만, 패터슨이 창간 당시 잡지명을 '허슬러'라고 한 이유는 직원들이 세일즈를 잘 해내기를 바랐기 때문이다. ('hustle'이라는 단어에는 '부지런히 벌다, 척척 해내다' 등의 뜻이 있다.)

내 서재에는 내가 정말 좋아하는 《풀러 브리슬러 The Fuller Bristler》라는 잡지가

몽고메리역사학회 NCR기록보관소 자료

통권 84호로 발간된 《허슬러》의 표지.
세계박람회에 참석한 여러 나라들이 NCR의 금전
등록기를 사용하고 있으며, 세계박람회 위원장들도
NCR의 금전등록기를 도입했음을 표지 사진과 카피
로 알리고 있다.

있다. 풀러 브러시 사 Fuller Brush Company 에서 매주 발간하는 뉴스레터형 잡지인데, 이 회사의 방문 세일즈맨들이 직접 만들었다. 세일즈맨들은 자신을 '플러거plugger, 충전기·끈질기게 광고하는 사람이라는 뜻이 있음'라고 불렀으며, 1925년 창간호에는 '플러거'의 생각들이 가득 실려 있다. 이런 방법으로 세일즈맨들(당시에는 '세일즈맨'이라는 말 그대로 여성은 한 명도 없었다)의 정보를 공유할 수 있었다.

패터슨의 시대에는 세일즈를 성공시킬 수 있는 지역이 빠르게 변했으므로 한 곳에서 다른 지역으로 되도록 빨리 이동해야 했다. 당시에는 휴대전화나 이메일 같은 커뮤니케이션 도구가 없었다. 뉴스레터지가 세일즈 기술과 아이디어를 공유하고 서로 연대감을 느낄 수 있는 유일한 수단이었고, 이 덕분에 다른 세일즈맨들과 정보를 공유하고 용기를 얻을 수 있었다.

이것이 당시 상황에 맞는 방법이었다. 뿐만 아니라 오늘날의 성공적인 비즈니스나 조직에서도 이런 방법을 사용한다. NCR도 예외는 아니었다. 잡지와 뉴스레터는 개인과 개인을 지지해 주는 전통의 한 부분이었다.
그러나 NCR은 한 단계 더 나아갔다. 임원, 관리자, 세일즈맨을 모두 모아 회의를 하는 모습에서 패터슨의 재치를 엿볼 수 있다. 직원들은 모두 정장을 입고 회의에 참석해야 했다. 패터슨은 '직원들의 옷이 비슷하니 문제도 함께 공유하고 있을 것이다.'라고 생각했는지도 모른다.

그는 직원들에게 지시하고, 시도하게 하며, 서로 소통하게 했다. 매주 직원들과 대화를 나누고, 모든 직원들이 보는 앞에서 성과를 달성한 직원에게 보상을 주었다.

매년 이런 회의를 반복하면 이 회의는 전통이 된다. 성공적으로 반복되는 행동과 원칙은 전통이 되는 것이다. 과거에 성공한 사례가 있는데 현재나 미래에 또 성공하지 못할 이유는 없다. 즉 앞으로 성공할 거라고 굳게 믿고, 스스로 승자라고 생각하기 때문에 성공하는 것이다.

플립차트의 위력

플립차트 flipchart, 뒤로 한 장씩 넘겨 가며 보여 주는 차트도 전통이 될 수 있을까?
패터슨은 1900년대에 플립차트를 사용했다. 그리고 100년이 지나 기술이 더욱 발달했어도 나는 플립차트를 사용하고 있고 앞으로도 계속 사용할 것이다. 플립차트는 최상의 커뮤니케이션과 명확한 아이디어를 제공해 주는 매체이다. 나는 1972년에 처음으로 플립차트를 사용하기 시작했다. 나에게 1972년은 판매 과학을 배운 획기적인 해였다. 당시 나는 파산 직전으로 지원금을 받고 있었다. 올바른 태도와 긍정의 태도를 갖게 된 해이기도 하다. 플립차트는 1972년의 내 결정과 태도 달성을 통합해 주는 역할을 했다. 하지만 30년이 지난 후에야 그 위력을 깨닫게 되었다. 나는 긍정적인 태도를 얻기 위해 어떻게 해야 하는지 플립차트 위에 나의 생각을 적고, 그 일을 해낼 때까지 해당 페이지를 펼쳐 놓았을 뿐이다.

내 트레이닝의 한 가지는 총 15챕터인 나폴레온 힐의 책을 매일 한 챕터씩 읽는 것이었다. 이 책을 읽으면 내가 옳은 자세를 갖고 살고 있는지 확인할 수 있다. 물론 삶이 항상 좋지만은 않았다. 쌍둥이가 갑자기 태어나고, 결혼 생활이 틀어지고, 파산하기도 했다.
하지만 사람들이 잘 지내느냐고 물을 때마다 어려운 시기였음에도 불구하고 "아주 잘 지내지요."라고 대답했다.

나는 수년간 50개의 플립차트를 보관했을 뿐만 아니라 긍정적인 태도도 소중하게 보관했다. 이제는 어떻게 긍정적인 태도를 가질 수 있는지 알게 되었다. 모든 것은 나에게 달려 있다. 나는 항상 긍정적인 태도로 살고 있으며, 긍정의 태도는 내가 죽을 때까지 나와 함께 할 것이다.

나는 아이디어 초반이나 프로젝트 초반에 플립차트를 사용한다. 저서를 준비하고 홍보할 때도 플립차트를 사용한다. 플립차트는 아이디어나 개념을 생각하지도 못한 세부 사항까지 이어질 수 있게 만들어 준다. 각 단

몽고메리역사학회 NCR기록보관소 자료

플립 차트를 사용하고 있는 패터슨(왼쪽)과 지토머

계를 적으면서 다음 단계로 넘어갈 수 있게 자극하고, 열심히 쓰면서 무언가를 깨닫게 해 준다.

나는 아이디어 초반이나 프로젝트 초반에 플립차트를 사용한다. 저서를 준비하고 홍보할 때도 플립차트를 사용한다. 플립차트는 아이디어나 개념을 생각하지도 못한 세부 사항까지 이어질 수 있게 만들어 준다. 각 단계를 적으면서 다음 단계로 넘어갈 수 있게 자극하고, 열심히 쓰면서 무언가를 깨닫게 해 준다.

한 장을 복사해서 잘 보이는 곳에 붙여 놓기도 하고, 브레인스토밍을 하면서 여러 장을 붙여 놓을 때도 있다. 하지만 이미 글로 적었기 때문에 무의식중에 뇌의 '에너지' 부분에 저장되기도 한다.

나는 기억을 더듬어 아이디어를 실행으로 옮긴다. 아이디어를 글로 옮기는 것은 기억하고 실행으로 옮기는 첫 단계이다.

나는 세부 계획을 짜는 데는 소질이 없지만 생각은 잘하고, 글도 제법 쓰며, 창의적인 것에 강하다. 플립차트는 나의 세 가지 장점을 완벽하게 만들어 주는 매체이다. 플립차트는 빈 공간이 많아서 생각이 깊고 창의적인 사람에게는 경이로운 도구이다. 나는 플립차트를 자주 사용하므로 플립차트에 사용하는 마커는 정말 까다롭게 선택하는 지경에까지 이르렀다.

플립차트는 생각을 명확하게 하고 확장시켜 준다. 일단 무언가 쓰면 플립차트가 아이디어 또는 개념을 떠올리게 해 준다.

세미나에서도 나는 플립차트를 애용한다. 때에 따라서는 파워포인트 프레젠테이션도 사용한다. 플립차트를 세미나 장소에 들고 가서 중앙에 선을 긋고, 청중들에게 "당신의 최대 장벽은 무엇입니까?"라고 써서 물어본다. 그러면 '가격', '현재 공급자에 대한 불만', '낮은 낙찰가', '전화에 응답 없음' 등등의 대답이 나온다. 천 번의 세미나를 해도 청중의 대답은 언제나 비슷하다.

그런 다음 새로운 장을 펼치고 "당신 제품 말고, 당신의 고객이 비즈니스를 하면서 이루고자 하는 것은 무엇인가요?"라고 묻는다. '더 많은 거래 성사', '단골 고객 확보', '생산성 높이기', '이윤' 등등의 답이 나온다. 이 답도 항상 같다. 천 번의 세미나를 해도 언제나 같다!

그리고 "고객이 원하는 대로 이룰 수 있게 해 주면 거부 의사가 문제가 될까요, 가격이 문제가 될까요?"라고 물으면, 시끄럽던 청중석이 조용해진다. 이미 알고 있는 사실이지만 플립차트 위에 써서 모두가 보고 그 사실을 인지할 수 있게 함으로써 큰 깨달음을 주는 것이다.

플립차트는 비교적 비용이 저렴하다. 회사에서 사 주지 않는다면 자신의 돈을 써서라도 구입하라! 세상에서 가장 중요한 자신에게 돈을 투자하는 것이다.

어떤 아이디어가 가치 있을까? 당신이 가치를 알아보는 아이디어는 어떤 것인가? 적어 놓지 않아 잊어버린 아이디어는 얼마나 되는가? 플립차트는 그 아이디어를 보관하고, 소통하며, 확장하고, 계획을 세울 수 있게 해 준다. 뿐만 아니라 당신이 무엇을 했는지 되돌아보게 하고, 계획을 수정할 수 있게 한다.

플립차트는 선택 사항이 아니라 자산이다. 플립차트는 개념을 공유할 수 있게 해 주는 완벽한 매체이다.

1904년 세계박람회의 전설

NCR은 1904년 세인트루이스세계박람회에서 전시회를 개최했다. 패터슨은 모든 영업자가 금전등록기를 구입해서 영수증을 발행해야 한다고 생각하게 만들 만큼 재빨랐다. 그래서 전시 기간 내내 금전등록기를 보여주어도 좋겠다는 확신을 갖게 되었다.

다른 부스의 전시 관계자들은 방문객이 제품을 만지지 못하게 하는 데 혈안이 되어 '만지지 마시오.'라는 글귀를 사방에 붙였다. 하지만 NCR의 부스는 예외였다. 패터슨은 방문 고객들에게 제품을 만져 보라고 권유하고, 금전등록기를 사용해 영수증을 발행해 보라고 부추겼다.

몽고메리역사학회 NCR기록보관소 자료

1904년 세인트루이스세계박람회의 NCR 전시 부스

이런 전략들이 패터슨의 사업을 성공시킨 증거라고 할 수 있다. 그는 남들이 두려워하는 일을 해냈다. 전 세계에서 모인 사람들이 겁쟁이처럼 굴며 제품을 만지지 못하게 할 때 패터슨은 편안한 분위기를 유도하며 관람객들이 당당하게 금전등록기를 살펴보고 만져 보게 했다.

체제에 반하지만 통하는 일을 하거나 해 본 적이 있는가? 세상 사람들과 반대로 행동하라고 말하는 것이 아니다. '호랑이 굴에 뛰어들라.' '위험을 감수하라.' '성장하고 보상을 받는 자신만의 혁신적인 생각을 과감하게 활용하라.'라는 뜻이다. 차별되는 것을 과감하게 시도하면 엄청난 결과를 얻을 수 있다.

5의 전설

《프라이머》를 읽어 보면 매 호마다 패터슨이 만든 요점이나 규칙을 만날 수 있다. 또한 목표로 이끄는 다섯 가지 요점도 읽을 수 있다.

각각의 요점은 손가락-에 비유할 수 있다(패터슨의 경우 기억의 방법으로 활용했다). 더불어 각 손가락마다 사례를 보인 손가락 그림도 보게 된다. 소문에 따르면 패터슨은 숫자 5를 좋아했다고 한다. 5는 손가락 개수일 뿐만 아니라 돈의 종류도 다섯 가지이고, 고객이 가게에 찾아왔을 때 하는 행동도 다섯 가지, NCR의 직원들이 약속 장소에 나가기 전에 이행하기를 바라는 사항도 다섯 가지였기 때문이다.

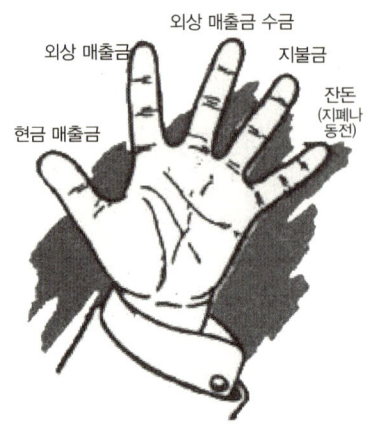

1919년에 출간한 《프라이머》에 게재된 손 그림

패터슨은 비즈니스와 판매는 과학이란 사실을 깨달았다. 그는 과학자가 하듯이 통할 수 있는 공식을 찾을 때까지 실험하고 연구해서 찾아낸 공식을 반복적으로 사용했다.

패터슨의 회사에는 공식을 반복할 수 있는 직원과 임원, 관리자와 세일즈맨이 있었다.

과학과 간결함을 결합하여 다른 사람이 이해할 수 있는 개념을 만들었다.

▪▪▪ **당신의 성공을 이루는 명언**

이 책의 원칙을 읽고, 이해하고, 적용해서 성공하려면
원칙을 받아들이고 실행해야 한다.
그렇게 하면 목표를 달성하고 성공할 수 있다.

―제프리 지토머

CHA-CHING!

3

찰캉!
이제 당신의 성공을
울려라

■ LITTLE PLATINUM BOOK OF CHA-CHING!

알려지지 않은
잠재 고객의 위력

당신은 지난 20년 동안 잠재 고객을 유력 후보자로 분류하는 작업을 해 왔는가? 아니면, 지난 2년간 그런 작업을 해 왔는가? 만일 그렇게 해 왔다면 그것은 잘못된 생각이다!
'유력 후보자'를 '잠재 고객'으로 생각하도록 의식을 뜯어 고쳐야 한다. 그렇게 해야 시작 전에 '해냈다.'라는 마음가짐을 가질 수 있다.

나는 세일즈 전문가이다. 나는 내 자신이 세일즈와 세일즈 방식에 있어서 세계 최정상에 올라 있다고 생각한다. 나는 정상에 서는 것, 프레젠테이션, 회의, 세일즈를 창출하는 모든 도전을 좋아한다. 내 프레젠테이션 또는 강연을 듣던 CEO가 갑자기 자리를 박차고 일어나 "당신 이야기를 내 직원들에게도 들려주고 싶다.", "우리 직원들도 이런 프레젠테이션이 필요하다."라는 말을 할 때가 좋다.

이것은 무엇을 의미하는가?
등록기가 울리는 것이다. 돈이 들어오는 것이다!

나는 지난 35년간 세일즈의 역사에 대해 공부했다. 무언가를 읽을 때마다 새로운 것을 배운다.
특히 50년 이상 된 책 읽는 것을 좋아한다. 과거의 아이디어를 조금만 손보면 새로운 아이디어가 되기 때문이다.

나는 존 패터슨에 대해 공부하면서 세일즈 창출에 대한 나의 생각들을 수정하게 되었다. 패터슨이 말한 '잠재 고객'이라는 단어의 정의를 본 후에 느낀 깨달음은 내 평생의 5대 깨달음 중의 하나로 무척이나 기억에 남는다. 그의 말은 너무나 획기적이고 명확했다. 패터슨은 고객이 될 유력 후보자를 잠재 고객으로 간주했다! 와우!

이 깨달음을 얻은 후 '왜 아무도 이런 생각을 적용하지 않을까'라고 생각했다. 세일즈맨들은 잠재 고객을 '주의 깊게 볼 인물', '유력 후보자', '거부자'라고 불렀다. 혹은 '구경꾼', '가격 흥정꾼', '아이쇼핑'으로도 불렀다. 앞으로 어떻게 될지 생각하지도 않고 잠재 고객을 부정적인 시각으로 바라본 것이다.
이처럼 깊이 생각하지도 않고 편견을 갖고 바라보는 것이 세일즈맨들의 현실이다. 세일즈, 그리고 비즈니스를 하는 사람으로서 이것은 큰 잘못이다.

패터슨은 그의 직원들에게 '잠재 고객'이라는 용어를 사용하게 해서 잠재 구매자에 대해 긍정적인 시각을 갖게 했다. 사실 나도 예전에는 이런 획기적인 방법이 비즈니스나 세일즈에 얼마나 도움이 되는지 알지 못했다. 지금부터라도 예상 고객을 '잠재 고객'이라고 부르면, 회의나 세일즈를 하는 과정, 혹은 세일즈를 완수한 후의 사고방식도 완전히 바뀔 것이다.

일단 사고방식을 바꾸면 예상 고객을 평생 잠재 고객이라고 부르게 된다. 이런 태도는 자기 신념과 자기 확신으로 이어지는 핵심 열쇠이다.

자기 신념은 세일즈 성사의 절반을 차지할 정도로 영향력이 크다. 다른 사람의 마음을 가장 쉽게 끌 수 있는 것이 자기 신념이며, 자기 신념을 통해 그 사람의 열정과 자세를 볼 수 있다.

모든 것은 자기 신념에서 비롯된다. 자기 신념은 생각과 내부의 언어에서 비롯된다. 잠재 고객이라는 말을 사용하면 더 많은 세일즈 창출은 물론, 더 나은 삶을 살 수 있다. 내가 보장한다!

'유력 후보자'라는 말 그대로 생각하면 '그럴지도 모른다.'라는 어정쩡한 태도만 갖게 된다. 하지만 잠재 고객이라고 생각하면 세일즈를 성사시키는 생각을 하게 되고, '찰칵!' 소리를 들을 수 있다.

'찰캉! 판매 원칙 33'을 활용하는 법

원칙을 읽고 기억하고 알고 있는 것과, 실천으로 옮기는 것에는 큰 차이가 있다.

아는 것만으로는 원칙을 활용할 수 없다. 실천으로 옮겨야 한다. 원칙을 활용하려면 매일 원칙을 적용하고 완벽하게 습득해야 한다. 100년 전에도 통했으니 지금도 통할 것이다.

패터슨은 TV에 정신을 빼앗긴 적이 없다는 사실을 명심해야 한다. 나도 TV를 보지 않는다. 패터슨은 가족과 함께하고 책을 읽는 데 시간을 할애했고, 나 또한 그렇게 하고 있다. 성공의 모델을 이해하려면 잠시 동안 TV는 멀리해야 한다. 나 또한 TV를 멀리했더니 원칙이 통했다.

각 원칙을 실천으로 옮겨 원칙 활용법을 배울 수 있다. 대충 하면 안 되고 완벽하게 습득해야 활용이 가능하다. 행동이 숙달되면 원칙을 완전히 활용할 수 있을 것이다. 숙달되기까지는 시간이 걸리고 인내심이 필요하지만 그 후에는 세일즈, 비즈니스, 직업뿐만 아니라 당신의 삶에도 엄청난 이득을 가져다준다.

공식을 제시하자면, '지식＋행동＝활용'이다. 공식이 몸에 배면 위력이 훨씬 강해진다.

원칙을 활용하는 단계를 소개한다.

1. 읽어라. 이해하며 읽는다. '확인'하기 위해 읽는 사람은 읽고 나서 '이미 알고 있다'고 생각하는데, 아는 것이 전부는 아니다. 그 부분에 자신이 있는지 스스로에게 물었을 때 진정으로 원칙을 이해할 수 있다. 이해하기 위해 읽는 것은 더욱 심도 있고 강력한 읽기 방법이다.

2. 생각하라! 각 원칙이 당신의 직장과 삶에 어떻게 적용되는지 생각해 본다. 각 원칙을 숙달하면 성공할 수 있는지, 성공하는 데 걸리는 시간은 얼마나 되는지 생각해 본다. 매일 15분간 생각하면 두 배의 결과를 얻을 수 있다.

3. 자신을 평가하라. 각 원칙에 대한 자신의 능력을 평가한다. 각 원칙마다 1~10까지 점수를 매긴다. 이 점수가 당신의 현재를 나타낸다. 점수를 보면 목표를 알 수 있다.

4. 자신의 계획을 세워라. 예를 들어 '원칙 10, 모든 사람이 잠재 고객이다'에서 자신에게 6점을 줬다고 가정해 보자. 이 점수를 9점까지 높이려면 어떻게 해야 하는가? 계획을 세우고 시작 및 달성 기한을 정한 다음 그 기간 동안 쉬지 않고 노력하라.

5. 조금씩이라도 시작하라. 마스터할 수 있는 원칙 두 개를 선택해서 점수를 더욱 높일 수 있는 방법을 찾아본다. 다시 점수가 낮은 원칙 두 개를 선택해서 점수를 높일 수 있는 방법을 연구한다. 아마 잘 사용하지 않는 원칙의 점수가 낮을 것이다. 부족한 부분을 극복하는 계획에는 부족한 점을 즐길 수 있는 방법이 포함되어 있어야 한다. 즐거움을 느끼면 좀 더 빨리 배울 수 있다.

6. 성공을 위해 자기 훈련으로 헌신하라. 이 책의 모든 원칙과 정보들을 읽기만 하고 실천으로 옮기지 않는다면 아무런 소용이 없다. 실천하고 자신을 헌신하겠다는 결심이 하나의 비결이다. 실천에 따라 기회가 주어지기도 하고 수포로 돌아가기도 한다. 쉬운 방법을 찾으려고 하는 사람은 복권을 사서 당첨되기를 기도한다. 이런 사람들은 평생 기다리기만 하지 성공하지는 못한다. 그들이 흘려보내는 기회가 당신 앞에 있다. 당신은 기회를 잡아 헌신하겠다는 각오로 실천하면 된다.

대부분의 사람들은 최선을 다해 노력하지 않고 쉽게 성공하기를 바란다. 당신은 절대 그런 사람이 되지 말라!

비즈니스에 온 마음을 바쳐라.
당신의 업무에 온 마음을 바쳐라.
당신의 경력에 온 마음을 바쳐라.

■■■ 당신의 성공을 이루는 명언

자신이 파는 제품과 자신의 세일즈 과정의 가치에 대한
신념이 없다면 성공할 수 없다.
먼저 제품에 대한 이야기로 관심을 끌고,
그다음에는 말하는 방식으로 관심을 끈다.
제품의 장점을 완벽하게 알고 있지 않으면
확신을 가지고 홍보할 수 없고, 남을 설득시킬 수도 없다.
자신의 제품에 신념을 가져라.
자신의 업무에 성의를 다하라.

-1923년판 《프라이머》 중에서

■ LITTLE PLATINUM BOOK OF CHA-CHING!

존 패터슨과의
만남

아만다와 나는 바비큐 식당에서 저녁을 먹기로 했다. 우리는 패터슨에 대한 연구 자료를 가지고 있는 역사학회를 방문하기 위해 데이턴에 머물고 있었다. 식당 대기 시간이 20분이나 되어서 그동안 주변 산책을 하기로 했다.
세 블록쯤 걸어왔을 때 반으로 갈라져 중앙에 문이 있는 성처럼 생긴 옛날 건물이 눈에 들어왔다. 자세히 보니 내부는 공동묘지였다. 묘지라고는 해도 '한 번 들어가 볼까.' 하는 생각이 들 정도로 아름다운 곳이었다. 날씨는 곧 폭풍이라도 몰아칠 듯이 구름이 가득하고 안개가 자욱해서 귀신이라도 나올 법한 날씨였다. 정문에는 차가 한 대 있고 묘지 관리인이 있었다. 관리인에게 안으로 들어갈 수 있는지 물어보았다.

"폐장 시간이 다 되어서, 나가실 때는 입구 반대편에 있는 출구로 나가

셔야 합니다."

관리인이 출구 쪽을 가리키면서 말했다.

"알겠습니다. 여기 묻힌 사람 중에 유명인도 있나요?"

"라이트 형제The Wright Brothers가 있지요."

관리인은 자랑스러운 듯 말했다.

"굉장하네요! 더 없나요?"

"묘지 지도를 드리죠."

"혹시 존 패터슨의 무덤도 여기에 있나요?"

"여기, 패터슨 언덕 9번 구역에 있습니다."

관리인이 지도를 건네주었다.

우리는 뜻밖의 행운이라고 생각하며 지도에서 패터슨의 묘지를 찾아 확인했다. 패터슨의 무덤 쪽으로 걸음을 옮길 때 보슬비가 내리기 시작했다. 뱀파이어만 추가된다면 완벽해 보일 듯한 날씨였다.

묘지의 거목이 동시에 빛과 그림자를 만들고, 높낮이가 다른 수천 개의 묘비가 물결치는 듯한 모습을 이루고 있었다. 어떤 묘비에는 어디에선가 들은 적이 있는 유명한 문구가 적혀 있기도 했고, 15미터가 족히 넘는 거대한 묘비도 있었다.

묘비를 보며 걷다가 1800년대 초기라고 적힌 묘비를 발견했다. "아만다, 여기야!" 나는 패터슨의 묘비로 추정되는 곳을 찾아 소리쳤다. 거대한 묘비가 패터슨 가족의 묘비라는 것을 말해 주고 있었다. 묘비에는 100여 개의 이름이 적혀 있고, 한쪽 면에는 존 패터슨의 약력이 새겨져 있었지만 그의 묘비는 보이지 않았다. 둘러보니 패터슨 가의 사람은 모두 같은 묘비를 사용하고 있었다. 5킬로그램 설탕 봉지보다 작았다. 그리고 마침내 패터슨의 묘비를 찾았다! 나는 그를 떠올리며 그의 묘비 앞에 우두커니 서 있었다.

갑자기 고난, 위험, 창의성, 개척, 리더십, 좌절, 승리 등 비즈니스를 하면서 겪는 모든 일들과 감정들이 한꺼번에 밀려오면서 감정이 북받쳤다. NCR의 모험이 시작된 지도 120여 년이 지났다. 존 패터슨의 무덤 앞에 서 있으니 내가 이곳에 올 운명이었다는 것을 말해 주는 듯 어떤 기운이 온몸을 타고 흘렀다. 이런 기분을 느껴 본 적이 있었던가? 강렬하면서도 두려운 느낌이었다. 나는 패터슨의 묘지에서 영감과 기운을 받았다. 지난 세기에 있었던 일들을 지금의 세상에 알리는 임무를 전달받은 것 같았다.

묘지를 떠날 때쯤 비가 내리기 시작했다.
"믿기 힘든 일이지만 정말 멋져!"
나는 아만다에게 멋쩍게 말했다.
"우리가 어쩌다 여기까지 왔지요? 이 일이 오래 전부터 운명으로 정해져 있던 것은 아닐까요?"
아만다는 이렇게 말하며 나에게 웃어 보였다.

존 패터슨의 원칙과 전략을 받아들여 정보를 공유하고 21세기에 그의 이름을 남기기로 내가 선택하고, 하늘도 나를 선택했다. 비 내리는 하늘을 올려다보며 나는 말했다. "뜻밖의 행운, 하늘이 내려 준 기회인 거야!"

최고 영업 책임자 제프리 지토머

과거에도 유효했고, 지금에도 아니 오히려 더 효과 있는 성공의 원칙들을 당신에게 소개했다고 나는 자부한다. 이 원칙들을 비즈니스에 적용하고 실행에 옮기도록 하라!

당신 자신을 위해
당신의 비즈니스를 위해
당신의 세일즈를 위해
당신의 성공을 위해
당신의 은행 잔고를 위해
'찰캉! 판매 원칙 33'을 사용하라!

비즈니스 성공을 위한 '찰캉! 판매 원칙 33'

원칙 1. 생각하라!

원칙 2. 신념이 있어야 설득할 수 있다

원칙 3. 긍정의 태도는 자신에게 달려 있다

원칙 4. 승자와 패자는 훈련으로 구분된다

원칙 5. 성공은 지식과 행동의 결합물이다

원칙 6. 공부는 지식을 위한 첫 훈련이다

원칙 7. 지식을 쌓으려면 책을 읽어라

원칙 8. 계획이 방향을 제시한다

원칙 9. 시간 관리를 하라

원칙 10. 모든 사람이 잠재 고객이다

원칙 11. 인맥을 통해 세일즈를 늘려라

원칙 12. 수요 창출이 구매를 이끈다

원칙 13. 충분한 준비로 고객 중심을 실천하라

원칙 14. 고객 입장에서 관심을 이끌어 내라

원칙 15. 핵심 질문으로 고객을 리드하라

원칙 16. 경청이 이해를 이끌어 낸다.

원칙 17. 판매 관련 대화가 적을수록 구매 관련 대화는 길어진다

원칙 18. **메시지가 강력해야 고객이 제품의 필요성을 느낀다**

원칙 19. **거부 의사는 세일즈 성사로 이어지는 문이다**

원칙 20. **세일즈는 조종이 아니라 조화이다**

원칙 21. **구매 동의로 세일즈 마무리, 영수증 발행으로 세일즈 확정**

원칙 22. **고객 서비스는 다음 판매와 단골 고객을 만드는 토대이다**

원칙 23. **차별화된 서비스가 소비자 입소문을 이끈다**

원칙 24. **고객 만족으로 소개 판매를 이끌어 내라**

원칙 25. **소비자 입소문은 세일즈에 날개를 단다**

원칙 26. **우수한 인재가 성공을 이끈다**

원칙 27. **경쟁이란 최선을 다해 준비하는 것이다**

원칙 28. **성공을 도운 사람들에게 감사하라**

원칙 29. **충성을 받으려면 먼저 충성을 바쳐라**

원칙 30. **옳든 그르든 결정을 내려라**

원칙 31. **도덕적인 행동으로 평판을 쌓아라**

원칙 32. **숙제하는 것을 잊지 말라**

원칙 33. **100년 이상 통한 원칙은 바꾸지 말라**

■ EPILOGUE

제시카 맥두걸 Jessica McDougall 이 책의 편집자이며 나에게 조언을 아끼지 않는 제시카는 나의 비밀 병기이자 가장 친한 친구이다. 활활 타오르는 불길 같은 당신을 존경하며, 감사의 말을 전하고 싶다.

조쉬 지토머 Josh Gitomer 이번 책 표지 또한 멋지게 디자인을 해 주고, 부탁하지 않아도 도움과 솔직한 피드백을 해 주는 나의 형 조쉬에게 감사를 전한다.

연구와 편집을 담당한 레이첼 루소토 Rachel Russotto**, 아만다 데스로처**Amanda Desrochers**, 로라 밀러**Laura Miller 지금은 다른 곳에서 화려한 경력을 쌓고 있지만 나는 여전히 이들을 기억하고 존경한다.

그레그 러셀 Greg Russell 15년 동안 우정을 지속해 온 것에 더해 패터슨의 원칙 원본 원고를 멋지게 레이아웃을 해 주어서 진심으로 고맙다. 그레그 덕분에 수월하게 읽히는 책이 탄생했다.

마이크 볼프 Mike Wolff 그레그의 작업을 이어받아 내 책 시리즈의 내부 디자인을 완성시켜 준 마이크! 디자인도 훌륭하지만 헌신적으로 일하는 모습이 인상 깊었다. 감사의 마음을 여기에 다 표현하지 못할 정도이다.

세계적인 사진작가 미첼 키어니 Mitchell Kearney 머리숱이 거의 없는 내 사진을 잘 찍어 주어서 고맙다.

NCR 임원들 나의 고객이 되어 주고 이 책을 내는 데 도움을 주어서 감사하다. 확신을 가지고 계속해서 존 패터슨의 원칙을 믿고 실행해 온 것에 대해서도 감사의 마음을 전한다.

NCR의 바브 스윙어 Barb Swinger 전문성, 인내심, 조언 그리고 기업에 대한 통찰력, 이 모든 것에 감사 드린다. 전문가일 뿐만 아니라 성격까지 멋지다는 점을 인정한다.

몽고메리주역사학회 방대한 자료를 참조할 수 있게 협조해 주어서 무척이나 감사하다.

팀 무어 Tim Moore 와 에이미 네이들린저 Amy Neidlinger 나를 지지해 주고 다양한 아이디어와 지혜를 제공해 주는 당신들에게 깊은 감사의 마음을 전한다. 항상 의견을 수용하는 것은 아니지만, 언제나 당신들의 의견을 존중하고 고마운 마음을 갖고 있다는 것을 기억해 주기 바란다.

그리고 나의 모든 고객과 미래의 잠재 고객에게도 감사하다는 말을 전하고 싶다. 성원해 주시고 기분 좋은 편지와 이메일을 보내 주시는 분들께 감사를 전한다. 또한 책을 구입하고 사랑을 보여 주시는 여러분 모두에게 고맙다는 말을 전하고 싶다.

● 여러 사실과 철학의 발견 및 입증을 위해 참고한 자료

《Builders in New Fields》, Charlotte Reeve Conover, 1939.

《He Who Thinks He Can》, Orison Swett Marden, 1908.

《John H. Patterson, Pioneer in Industrial Welfare》, Samuel Growther, 1926.

《NCR News》 1922~1927.

《Selling Suggestions: Book Two, Efficiency in the Business》, Frank Farrington, 1913.

《The Primer》, 1889~1923

《The Sales Strategy of John H. Patterson》, Roy W. Johnson and Russell W. Lynch 1932.

■ **제프리 지토머** JEFFREY GITOMER

제프리 지토머는《뉴욕 타임즈》베스트셀러인《세일즈 바이블 The Sales Bible》, 《고객 만족은 가치 없지만 고객 충성은 값을 매길 수 없다 Customer Satisfaction Is Worthless, Customer Loyalty Is Priceless》, 《패터슨의 판매 원칙 The Patterson Principles of Selling》, 《세일즈 시크릿 열정 Little Red Book of Sales Answers》, 《인맥으로 승부하라 Little Black Book of Connections》, 《예스로 승부하라 Little Gold Book of YES! Attitude》, 《설득력으로 승부하라 Little Green Book of Getting Your Way》, 《Little Teal Book of Trust》 (리틀 북 시리즈 한국어판 계속 출간 예정)을 쓴 저자이다.

제프리 지토머는 세미나를 개최하고 세일즈 미팅을 주최하며, 판매와 고객 충성에 대한 트레이닝 프로그램을 운영하면서 지난 15년 동안 연간 120여 회의 프레젠테이션을 해 왔다.

제프리 지토머의 고객으로는 코카콜라, D.R 호튼, 카터필라, BMW, BNG 모기지, 맥그리거 골프, 퍼거슨 엔터프라이즈, 킴튼 호텔, 힐튼, 엔터프라이즈 렌트 에이 카, NCR, 스튜어트 타이틀, 컴캐스트 케이블, 타임 워너 케이블, 리버티 뮤추얼 보험, 웰즈 파고 뱅크, 블루크로스 블루쉴드, 칼스버그 비어, 워소 보험, 노스웨스턴 뮤추얼, 메트라이프, 글래소스미스클라인, AC 닐슨, IBM, 뉴욕 포스트 등이 있다.

제프리 지토머의 칼럼인 〈세일즈 무브스 Sales Moves〉는 전 세계 95개 이상의 경제 신문에 실리며, 매주 4백만 명 이상의 독자들이 그의 칼럼을 읽는다. 또한 그는 '셀링 파워 라이브 Selling Power Live'의 해설자로서, 세일즈와 자기 계발에 대한 세계 최고 권위자들의 지혜를 회원들에게 전하고 있다.

그는 웹사이트 www.gitomer.com, www.trainone.com을 운영하고 있으며, 매일 25,000명의 사람들이 방문하고 있다. 제프리가 운영하는 웹사이트 기반 서비스 교육 프로그램들은 이 부문의 표준으로 인식될 정도로 고객과 업체들로부터 인정을 받고 있다. 트레인원은 고객 중심 온라인 교육 분야의 선도자로 재미있고 실용적이며, 즉시 활용 가능한 제프리의 강의를 들을 수 있다.

제프리가 발행하는 무료 이메일 매거진 《세일즈 카페인》은 매주 화요일 12만 명의 독자들과 아침을 맞이하는 세일즈 모닝콜이다. 제프리는 《세일즈 카페인》을 통해 세일즈 전문가들에게 유용한 세일즈 정보와 전략, 그리고 독자들의 질문에 답변을 제공하고 있다.

1997년 제프리 지토머는 미국강연가협회 National Speakers Association 로부터 공인 강연전문가상 Certified Speaking Professional 을 받았다. 이 상은 지난 25년 동안 500명 미만의 사람들에게만 수여한 협회 최고의 상이다.